WENN WORTE WIRKEN

Wie du mit 8 einfachen Prinzipien der Kommunikation Missverständnisse vermeidest und mehr Harmonie in dein Leben bringst.

Rayan Tawfik

Published by Rayan Tawfik

Die in diesem Buch enthaltenen Inhalte, Texte, Beispiele und Empfehlungen dienen der persönlichen Reflexion und Weiterbildung. Sie stellen keine therapeutische, psychologische oder rechtliche Beratung dar. Die Verantwortung für die Anwendung liegt beim Leser.

CONTENTS

EINFÜHRUNG – WARUM WIR REDEN UND TROTZDEM EINANDER NICHT HÖREN

Kennst du dieses Gefühl?
Du sprichst mit jemandem – vielleicht deinem Partner, einem Kollegen oder sogar deinem Kind – und obwohl ihr euch Worte hin- und herwerft, kommt nichts wirklich an. Statt Verständnis entsteht Spannung. Statt Nähe: Rückzug. Du willst doch nur verstanden werden. Und trotzdem endet das Gespräch in Frust, Schweigen oder Streit.

Wenn es dir so geht, bist du nicht allein.

Viele von uns erleben genau das täglich – in Beziehungen, in der Familie, im Beruf, sogar in Freundschaften. Und oft merken wir gar nicht, dass es nicht an uns als Menschen liegt, sondern an etwas, das wir nie richtig gelernt haben: echte Kommunikation.

Kommunikation ist mehr als Reden

Die meisten von uns können sprechen, schreiben, zuhören – aber Kommunikation ist weit mehr als das. Sie ist der unsichtbare Stoff, aus dem unsere Beziehungen gemacht sind. Und sie ist das Mittel, mit dem wir nicht nur mit anderen, sondern auch mit uns selbst in Kontakt treten.

Gute Kommunikation ist wie ein unsichtbarer Raum zwischen zwei Menschen, in dem Vertrauen, Verständnis und Verbindung wachsen können. Schlechte Kommunikation hingegen ist ein Minenfeld – voller Trigger, Missverständnisse und unausgesprochener Erwartungen. Sie kann stressen, lähmen, verletzen. Nicht selten spüren wir die Auswirkungen davon als körperliche Anspannung, emotionale Erschöpfung oder inneres Chaos.

Und genau hier beginnt unser gemeinsamer Weg.

Worte können verbinden – oder trennen

Dieses Buch ist für dich, wenn du spürst, dass Kommunikation in deinem Leben oft mehr Druck erzeugt als Erleichterung.
Wenn du das Gefühl hast, oft nicht gehört oder falsch verstanden zu werden. Wenn Gespräche dich manchmal ermüden, statt zu beleben. Wenn du spürst, dass du mehr willst – mehr Klarheit, mehr echte Verbindung, mehr Frieden – aber nicht genau weißt, wie.

Hier geht es nicht um Techniken, um sich rhetorisch besser durchzusetzen oder Gespräche zu „gewinnen". Es geht um das Gegenteil: um Verständigung, statt Verteidigung. Um Verbindung, statt Kontrolle.

Dieses Buch zeigt dir einen Weg, wie Kommunikation nicht länger eine Quelle von Stress ist – sondern ein Werkzeug für tiefes Verstehen, Heilung und menschliches Wachstum.

Was dich hier erwartet

Wir werden gemeinsam einen Weg gehen, der aus acht einfachen, aber wirkungsvollen Prinzipien besteht. Jedes Prinzip ist ein Kapitel dieses Buches – und jeder Schritt bringt dich näher zu einem Zustand von innerer Ruhe, echter Verbindung und harmonischerem Miteinander.

Dabei geht es nicht nur um Worte, sondern um alles, was Kommunikation beeinflusst: deine Geschichte, deine Emotionen, deine Beziehungen, dein Körper, deine Trigger, deine Bedürfnisse – und dein Wunsch, dich selbst und andere wirklich zu verstehen.

Wir schauen auf die psychologischen Wurzeln deines Kommunikationsverhaltens – bis zurück in die Kindheit. Denn die Art, wie wir heute sprechen, zuhören und streiten, hat viel mit dem zu tun, was wir damals gelernt oder eben nicht gelernt haben.

Und wir betrachten alle Lebensbereiche, in denen Kommunikation eine Rolle spielt: Partnerschaft, Familie, Kinder, Freundschaften, berufliches Umfeld – und nicht zuletzt: die Beziehung zu dir selbst.

Warum dieses Buch anders ist

Es gibt viele Bücher über Kommunikation. Viele davon sind gut, einige sind techniklastig, andere bleiben auf der Oberfläche.

Dieses Buch geht tiefer. Es will dich nicht nur zum besseren Gesprächspartner machen, sondern zu einem Menschen, der mit sich selbst und anderen echter wird. Nicht perfekter, nicht reibungsloser – sondern bewusster, klarer, menschlicher.

Hier geht es um Worte, die wirken – nicht weil sie manipulieren, sondern weil sie heilen.

Wir sprechen über Bedürfnisse statt Vorwürfe. Über Zuhören statt Warten aufs Gegensprechen. Über Grenzen setzen, ohne Mauern zu bauen. Über emotionale Intelligenz, die nicht nur im Job wichtig ist – sondern in jeder Begegnung, auch mit dir selbst.

Und wir lernen gemeinsam: Gute Kommunikation ist nicht angeboren – sie ist lernbar. Schritt für Schritt.

Wie du dieses Buch nutzen kannst

Vielleicht liest du dieses Buch in einem Stück durch. Vielleicht nimmst du dir Kapitel für Kapitel Zeit. Beides ist möglich. Wichtig ist nur: Nimm dir Raum. Raum zum Nachdenken, zum Fühlen, zum Ausprobieren.

Am Ende jedes Kapitels findest du Fragen zur Reflexion und kleine Übungen, mit denen du das Gelesene in dein Leben übersetzen kannst. Denn Wissen verändert wenig – aber Praxis verändert alles.

Du wirst auf Dinge stoßen, die dir bekannt vorkommen.

Auf blinde Flecken. Auf Aha-Momente. Vielleicht sogar auf Schmerzhaftes – besonders dort, wo es um alte Muster geht, um Kindheit, um emotionale Wunden.

Aber du wirst auch erleben, dass genau dort Veränderung beginnt: nicht im Vermeiden, sondern im Verstehen.

Ein Beispiel: Die Macht eines einfachen Satzes

Stell dir vor, jemand sagt zu dir:
"Du verstehst mich nie."
Und du antwortest: *"Du übertreibst mal wieder."*
Was passiert? Angriff – Gegenangriff. Der Graben wird tiefer.

Aber stell dir vor, du antwortest stattdessen:
"Das klingt, als wärst du enttäuscht. Willst du mir sagen, was du gerade brauchst?"

Plötzlich verändert sich alles. Der Ton, die Richtung, das Ergebnis. Ein einziger Satz kann den Unterschied machen zwischen Eskalation und Verständnis. Genau darum geht es hier.

Du musst nicht perfekt sein – nur bereit

Du wirst nicht jeden Konflikt vermeiden können. Du wirst nicht immer alles richtig machen. Aber du kannst lernen, anders hinzusehen. Bewusster zu wählen. Und Schritt für Schritt ein Klima schaffen – in dir und um dich herum – in dem sich Menschen sicher fühlen, echt zu sein.

Dieses Buch ist keine Anleitung zur Perfektion. Es ist eine Einladung zur Verbindung.

Denn Worte wirken. Immer.
Die Frage ist nur: Wie willst du, dass sie wirken?

Lass uns anfangen

Egal, ob du gerade aus einem Streit kommst, eine wichtige Entscheidung treffen musst, dich in deiner Beziehung verloren fühlst oder einfach nur neugierig bist, dich selbst besser zu verstehen – dieses Buch ist für dich.

Es ist für dich, wenn du genug hast von Missverständnissen, von emotionalem Lärm und dem Gefühl, ständig zu kämpfen.
Es ist für dich, wenn du weißt, dass da mehr möglich ist – mehr Ruhe, mehr Nähe, mehr Wahrheit.

Und es ist für dich, wenn du den Mut hast, hinzuschauen. Und neu zu lernen, wie Worte wirken können – wenn sie aus echtem Verstehen kommen.

Bist du bereit?

Dann beginnen wir jetzt.
Kapitel für Kapitel.
Wort für Wort.
Mensch für Mensch.

KAPITEL 1: DIE UNSICHTBAREN URSACHEN – WARUM WIR OFT ANEINANDER VORBEIREDEN

Der Ursprung des Missverstehens

Wie unser Gehirn Informationen verarbeitet

Kommunikation beginnt nicht erst mit dem Sprechen – sie beginnt mit dem Wahrnehmen. Noch bevor wir ein Wort aussprechen oder hören, ist unser Gehirn bereits aktiv. Es bewertet, filtert, ergänzt und deutet. Kommunikation findet also nie in einem „neutralen Raum" statt. Jeder Mensch lebt in einer inneren Welt – aus Erfahrungen, Erinnerungen, Werten, Ängsten, Erwartungen. Und diese innere Welt ist der Ort, an dem jede Botschaft ankommt. Oder verloren geht.

Stell dir das menschliche Gehirn wie eine Art Übersetzungsmaschine vor. Jeden Moment strömen Sinneseindrücke auf uns ein: Töne, Mimik, Gestik, Wörter, Pausen, Betonungen. Doch wir nehmen nicht alles auf. Tatsächlich filtert unser Gehirn ständig, um die Reizflut zu bewältigen. Es sortiert nach Relevanz, vergleicht mit vergangenen Erfahrungen, füllt Lücken und zieht automatisch Schlüsse. Und das passiert – meist unbewusst – in Sekundenbruchteilen.

Wenn dir jemand etwas sagt, dann hörst du nicht einfach nur das Gesagte, sondern eine Mischung aus dem Gesagten und dem, was dein Gehirn daraus macht. Ein ganz einfacher Satz wie „Ich bin enttäuscht" kann in dir verschiedenste Reaktionen hervorrufen – je nachdem, wie du geprägt bist:

- Fühlst du dich sofort schuldig?
- Wirst du wütend, weil du dich ungerecht kritisiert fühlst?

- Versuchst du, sofort zu helfen oder dich zu erklären?

All das sind keine bewussten Entscheidungen – sondern automatische Reaktionen, die in deinem Gehirn stattfinden. Das bedeutet: Was wir hören, ist nie nur das, was gesagt wurde. Es ist immer auch das, was wir erwarten, befürchten oder gelernt haben zu hören.

Deshalb ist der Satz *„Du verstehst mich nicht“* so oft ein Gesprächskiller – nicht, weil er inhaltlich falsch ist, sondern weil er ein tiefes Gefühl ausdrückt: *„Was in mir lebendig ist, kommt bei dir nicht an.“*
Und das liegt selten nur an mangelnder Aufmerksamkeit – sondern an der inneren Übersetzungsarbeit, die unser Gehirn pausenlos leistet.

Filter aus Kindheit und Sozialisation

Wir alle haben innere Filter – meist unsichtbar, aber mächtig. Sie entstehen nicht erst im Erwachsenenalter, sondern viel früher. Unsere ersten Kommunikationsmuster lernen wir als Kinder – durch das, was wir erleben, hören, nicht hören, fühlen oder unterdrücken müssen.

Wurdest du als Kind oft unterbrochen, wenn du etwas sagen wolltest?
Hat man dir beigebracht, brav zu sein, Konflikte zu vermeiden oder „nicht so empfindlich“ zu sein?
Wurden deine Gefühle ernst genommen – oder relativiert?

Solche Erfahrungen prägen unsere Kommunikationsidentität – also die Art, wie wir unsere Bedürfnisse ausdrücken, wie wir zuhören, wie viel Raum wir uns in Gesprächen nehmen oder erlauben. Und das geschieht nicht nur verbal, sondern auch nonverbal: Tonlage, Körpersprache, Blickkontakt, Atem – all das wird in der Kindheit erlernt oder vermieden.

Ein Beispiel:

Wenn du als Kind gelernt hast, dass deine Gefühle übertrieben oder „zu viel“ sind, entwickelst du vielleicht den Filter: *„Ich darf nicht sagen, was ich wirklich fühle.“* In einem Gespräch als Erwachsener wirst du dann vielleicht Sätze herunterschlucken, abschwächen oder dich ständig rechtfertigen. Dein Kommunikationsverhalten ist also kein Zufall, sondern ein erlerntes Schutzmuster.

Und das gilt für alle Menschen. Auch dein Gegenüber hat solche Filter – vielleicht ganz andere als du.
So kommt es, dass zwei Menschen über dasselbe Thema sprechen – aber völlig unterschiedliche Bedeutungen daraus ziehen.

Die Filter entstehen nicht nur im Elternhaus. Auch Schule, Gesellschaft, Kultur und Geschlecht spielen eine Rolle. Jungen lernen oft früh, dass Gefühle Schwäche sind. Mädchen hingegen, dass sie sich anpassen sollen. Das beeinflusst, wie wir streiten, wie wir Nähe zulassen, wie wir Kritik äußern – oder vermeiden.

Ein typischer Filter ist zum Beispiel:
„Wenn jemand laut wird, bedeutet das, dass ich in Gefahr bin.“
Ein anderer könnte sein:
„Wenn jemand weint, ist das Manipulation.“

Diese Annahmen wirken wie Brillen, durch die wir jedes Gespräch betrachten. Und sie sind selten bewusst – aber immer wirksam.

Deshalb ist es so wichtig, sich dieser Filter überhaupt erst bewusst zu werden. Nur was du erkennst, kannst du verändern.

Warum zwei Menschen nie exakt dasselbe hören

Hier liegt der Kern vieler Missverständnisse: Zwei Menschen hören denselben Satz – aber verstehen etwas völlig Verschiedenes. Und jeder ist überzeugt, das „Richtige“ gehört zu haben.

Das liegt nicht an mangelnder Intelligenz oder fehlender Aufmerksamkeit – sondern an der unterschiedlichen inneren Verarbeitung.

Ein Gespräch ist nicht das Austauschen von objektiven Informationen. Es ist ein emotionaler und subjektiver Prozess. Immer.

Wenn ich sage: „Ich brauche mal Zeit für mich", kann das in deinem Ohr klingen wie:

- „Ich will nichts mehr mit dir zu tun haben"
- „Du hast etwas falsch gemacht"
- oder vielleicht auch: „Oh, das kenne ich, geht mir auch manchmal so."

Was du daraus machst, hängt nicht nur von mir ab – sondern von deiner inneren Welt. Von deiner Vergangenheit. Deinen Erfahrungen. Deinen Ängsten. Deinen Erwartungen.

Die Kommunikationspsychologie spricht hier vom sogenannten „Vier-Ohren-Modell": Jede Botschaft kann auf vier Ebenen gehört werden:

1. Sachebene: Was wird inhaltlich gesagt?
2. Beziehungsebene: Wie stehen wir zueinander?
3. Appellebene: Was will der andere von mir?
4. Selbstoffenbarung: Was sagt der andere über sich?

Das Problem ist: Wir wissen nie genau, auf welchem Ohr der andere gerade hört. Und wir wissen nicht einmal sicher, auf welchem Ohr wir selbst hören.

Ein Beispiel:
Wenn dein Chef sagt: *„Dieses Projekt hätte gestern fertig sein sollen"*, kannst du das auf verschiedene Arten hören:

- Sachebene: Es ist zu spät.
- Beziehungsebene: Er vertraut mir nicht.
- Appellebene: Ich soll mich beeilen.
- Selbstoffenbarung: Er ist unzufrieden oder unter Druck.

Wie du reagierst, hängt davon ab, welche Ebene du am stärksten wahrnimmst – und das wiederum hängt von deinen inneren Filtern ab.

So entstehen Konflikte, die eigentlich keine sein müssten. Und so passiert es, dass wir uns in Gesprächen plötzlich angegriffen, übersehen oder verletzt fühlen – obwohl der andere das nie beabsichtigt hat.

Missverständnisse sind menschlich – und vermeidbar

All das mag im ersten Moment kompliziert erscheinen – doch es führt zu einer befreienden Erkenntnis: Missverständnisse sind kein Zeichen von persönlichem Versagen. Sie sind normal. Menschlich. Und sie entstehen oft aus unbewussten Mustern – nicht aus böser Absicht.

Aber sie sind auch vermeidbar – oder zumindest klärbar.
Der Schlüssel liegt darin, sich der eigenen Filter, Deutungen und automatischen Reaktionen bewusst zu werden.
Und darin, sich klarzumachen: Kommunikation ist nie rein objektiv. Sie ist ein emotionaler Tanz, bei dem zwei innere Welten aufeinandertreffen.

Wenn du das verstehst, beginnst du, anders zuzuhören.
Du fragst mehr nach. Du interpretierst weniger. Du wirst weicher – mit dir und mit anderen.
Und das ist der erste Schritt zu echter Verbindung.

Impulse zur Reflexion

- In welchen Gesprächen fühlst du dich oft missverstanden?
- Welche Sätze bringen dich regelmäßig aus der Fassung – und warum?
- Welche Glaubenssätze aus deiner Kindheit könnten

noch heute deine Kommunikation beeinflussen?

Im nächsten Abschnitt steigen wir tiefer ein: Wie frühkindliche Erfahrungen unser Kommunikationsverhalten prägen – und wie du dich davon befreien kannst, ohne deine Geschichte zu leugnen.

Denn heilsame Kommunikation beginnt nicht im Mund – sondern im Bewusstsein.

Die Rolle von frühkindlichen Erfahrungen

Kommunikationsmuster aus der Kindheit

Niemand kommt mit einem natürlichen Talent zur Kommunikation auf die Welt. Wir lernen zu sprechen – ja. Aber wir lernen nicht automatisch, wie wir unsere Gefühle ausdrücken, Bedürfnisse mitteilen oder Konflikte austragen. Diese Fähigkeiten entstehen über Jahre hinweg – durch Vorbilder, durch Erlebnisse, durch Wiederholung.

In unserer Kindheit wird der Grundstein für unser heutiges Kommunikationsverhalten gelegt. Die Familie, in der wir aufwachsen, ist unser erstes soziales Trainingsfeld. Hier lernen wir – bewusst oder unbewusst – was erlaubt ist, was gefährlich ist, was funktioniert. Und vor allem: was uns emotional „sicher" erscheinen lässt.

Vielleicht hast du in deiner Herkunftsfamilie gelernt, dass man über Gefühle besser nicht spricht. Vielleicht gab es Streit – oder schlimmer noch: Schweigen. Vielleicht war niemand da, der dich wirklich hören wollte, wenn du traurig warst oder Angst hattest. Oder du hast erlebt, dass deine Meinung lächerlich gemacht wurde.

Solche Erfahrungen formen tief verankerte Überzeugungen wie:

- „Es bringt nichts, mich auszudrücken."
- „Wenn ich ehrlich bin, verliere ich Liebe."
- „Meine Bedürfnisse sind störend."
- „Ich darf keinen Fehler machen."

Das sind keine oberflächlichen Gedanken – sondern innere Programme, die in jedem Gespräch mitwirken. Und sie beeinflussen mehr als nur unsere Wortwahl. Sie steuern, ob wir überhaupt sprechen, wann, wie laut, wie offen, und mit welchem inneren Risiko.

Kinder passen sich an ihr Umfeld an. Wenn ein Kind für seine Gefühle getadelt oder ignoriert wird, lernt es: *Gefühle zeigen ist gefährlich.*
Wenn ein Kind für Ehrlichkeit beschämt wird, lernt es: *Lügen schützt mich.*
Wenn ein Kind immer wieder erlebt, dass niemand wirklich zuhört, lernt es: *Ich bin nicht wichtig.*

Diese frühkindlichen Lernprozesse führen zu sogenannten „Überlebensstrategien" in der Kommunikation:

- Anpassung: Reden, was andere hören wollen.
- Rückzug: Schweigen, um nicht verletzt zu werden.
- Angriff: Laut werden, um sich durchzusetzen.
- Vermeidung: Gespräche meiden, um Konflikt zu umgehen.

Später – als Erwachsene – wiederholen wir diese Muster. Nicht, weil sie hilfreich sind, sondern weil sie uns einst geschützt haben. Und solange wir sie nicht bewusst erkennen, bleiben sie unsere Standardreaktion, besonders unter Stress.

Traumareaktionen und Sprachlosigkeit

Trauma bedeutet nicht nur Krieg oder Missbrauch. Trauma kann auch etwas sein, das nicht passiert ist: Das Gefühl, nicht gesehen worden zu sein. Nicht getröstet. Nicht ernst genommen. Trauma entsteht, wenn unser Nervensystem überfordert ist und keine Möglichkeit zur Verarbeitung bekommt.

Kinder erleben Situationen intensiver als Erwachsene, weil sie keine kognitiven Strategien besitzen, um sie einzuordnen. Ein einziger Satz – *„Du bist so empfindlich"* – kann sich tief einprägen. Ein ständiger emotionaler Mangel kann sich als stille Sprachlosigkeit im Körper festsetzen.

Diese frühen Verletzungen wirken in der Kommunikation oft wie eine Art unsichtbare Blockade. Manche Menschen frieren in Gesprächen ein. Andere verlieren plötzlich die Fähigkeit, klare Gedanken zu formulieren, wenn es emotional wird. Manche neigen zu übertriebener Harmonie – aus Angst, dass jede Form von Konflikt Liebesentzug bedeuten könnte.

Das sind nicht einfach nur Charakterzüge. Es sind tief gespeicherte Schutzmechanismen, die in unserer kindlichen Lebensrealität überlebensnotwendig waren – und die heute oft nicht mehr passen, uns aber weiterhin steuern.

Eine typische Traumareaktion in der Kommunikation ist das sogenannte „Fawn"-Verhalten (Anpassung aus Angst): Man sagt Ja, obwohl man Nein meint. Man sucht Harmonie um jeden Preis. Man unterdrückt eigene Gefühle, um „nicht schwierig" zu wirken.

Oder es zeigen sich Fight- oder Flight-Muster:

- Fight: Man wird hart, aggressiv, dominant – um die Kontrolle zu behalten.
- Flight: Man weicht aus, wird vage, zieht sich emotional zurück.

Diese Reaktionen haben weniger mit dem aktuellen

Gesprächspartner zu tun – sondern viel mehr mit dem inneren Erleben aus der Vergangenheit.

Ein einfaches Beispiel:
Wenn dein Gegenüber beim Sprechen lauter wird, fühlst du dich vielleicht sofort bedroht – auch wenn die Lautstärke keine echte Gefahr bedeutet. Vielleicht reagierst du mit Rückzug oder Gegendruck. Das Gespräch eskaliert – nicht wegen der Worte, sondern wegen der emotionalen Erinnerung, die unbewusst aktiviert wurde.

Hier beginnt echte Kommunikationsarbeit: Dort, wo du erkennst, was du gerade eigentlich erlebst – und was vielleicht gar nicht zum Hier und Jetzt gehört.

Bindung, Sicherheit und Ausdruck

Der wohl wichtigste Faktor in der frühkindlichen Kommunikationsentwicklung ist die Qualität der Bindung, die wir zu unseren Bezugspersonen hatten. Bindung ist mehr als Nähe – sie bedeutet emotionale Sicherheit. Wenn ein Kind sich sicher fühlt, darf es explorieren, sich zeigen, Fehler machen, seine Emotionen ausdrücken – und wird trotzdem geliebt.

Fehlte diese Sicherheit, kann das Kind lernen, dass Sprache mit Gefahr verbunden ist. Vielleicht wurde ein emotionaler Ausdruck regelmäßig abgewertet oder bestraft. Vielleicht herrschte emotionale Kälte oder inkonsequente Zuwendung.
Solche Erfahrungen prägen die spätere Fähigkeit, sich offen und vertrauensvoll mitzuteilen.

Bindungssichere Menschen haben in der Regel gelernt:

- Dass sie mit ihren Gefühlen nicht allein sind.
- Dass Sprache hilft, innere Zustände zu regulieren.
- Dass auch unangenehme Emotionen aussprechbar und verarbeitbar sind.

Unsichere Bindung hingegen führt häufig zu:

- Übermäßiger Selbstkontrolle.
- Angst vor Ablehnung oder Bloßstellung.
- Schwierigkeiten, über Bedürfnisse oder Verletzungen zu sprechen.

Wenn du dich fragst, warum dir manche Gespräche schwerfallen – warum du dich plötzlich klein fühlst, oder unbedeutend, oder wütend – dann lohnt es sich zu prüfen:
Wie sicher habe ich mich als Kind im Gespräch gefühlt?
Wurde ich gehört, wenn ich leise war?
Wurde ich getröstet, wenn ich traurig war?
Wurde ich ernst genommen, wenn ich wütend war?

Diese Fragen sind keine Anklage an deine Vergangenheit. Sie sind der Anfang eines Verständnisses dafür, warum du heute so kommunizierst, wie du kommunizierst. Und genau dieses Verständnis ist der erste Schritt zur Veränderung.

Warum das alles wichtig ist

Vielleicht fragst du dich: *Warum sollte ich mich überhaupt mit meiner Kindheit beschäftigen, wenn ich einfach nur besser kommunizieren will?*

Die Antwort ist einfach: Weil die Vergangenheit in deinem heutigen Gespräch mitredet.
Wenn du dich selbst nicht verstehst, wird es dir schwerfallen, andere zu verstehen – und noch schwerer, dich selbst so auszudrücken, dass du wirklich gehört wirst.

Das Ziel ist nicht, in alten Geschichten zu wühlen. Das Ziel ist, sie so zu erkennen, dass sie dich nicht länger steuern.

Denn: Sprachlosigkeit ist nicht dein natürlicher Zustand.
Überanpassung ist kein Charaktermerkmal.
Ständiger Streit ist kein Zeichen von Wahrhaftigkeit.
Und Rückzug ist nicht gleich Reife.

Das alles sind Antworten auf Erlebnisse, die du nicht steuern konntest – aber heute kannst du sie hinterfragen. Und verändern.

Impulse zur Reflexion

- Welche prägenden Sätze aus deiner Kindheit hörst du heute noch innerlich?
- Was wurde in deiner Familie über Gefühle gesagt – oder nicht gesagt?
- Welche Kommunikationsmuster aus deiner Kindheit erkennst du heute in dir selbst?
- Gibt es Situationen, in denen du plötzlich verstummst oder laut wirst – ohne zu wissen, warum?

Was dich wirklich triggert – und warum das wichtig ist

Emotionale Knöpfe und alte Wunden

Stell dir vor, jemand sagt einen scheinbar harmlosen Satz zu dir wie:
„Na, das hättest du auch früher erledigen können."

Sofort merkst du, wie dein Körper reagiert: Deine Schultern spannen sich an. Dein Atem wird schneller. Vielleicht schießt dir eine Wut durch den Bauch, oder du ziehst dich innerlich zurück. Plötzlich fühlst du dich angegriffen, vielleicht klein, kritisiert oder bloßgestellt. Und das alles wegen eines einzigen Satzes.

Solche Reaktionen nennen wir emotionale Trigger. Es sind Momente, in denen etwas in dir „gedrückt" wird – ein innerer Knopf, der mit einer alten Erfahrung verbunden ist. Was dich triggert, sagt oft mehr über deine Geschichte als über dein Gegenüber.

Ein Trigger ist keine bloße Überempfindlichkeit. Er ist ein Hinweis auf eine emotionale Wunde, die noch nicht vollständig verarbeitet ist. Man könnte sagen: Wo du überreagierst, zeigt sich, wo du noch ungeschützt bist. Und genau das ist kein Zeichen von Schwäche, sondern eine Einladung zur Selbsterkenntnis.

Denn wir alle tragen alte, ungeklärte Emotionen in uns. Aus Kindheit, Jugend, Beziehungen, Verlusten oder Enttäuschungen. Sie wirken im Hintergrund und können durch bestimmte Worte, Blicke, Haltungen oder Tonlagen aktiviert werden – oft ohne dass wir verstehen, warum wir gerade so heftig reagieren.

Typische Trigger:

- Kritik: Wenn du gelernt hast, dass Fehler gefährlich sind.
- Ignorieren: Wenn du als Kind oft übersehen wurdest.
- Kontrolle: Wenn du kaum Autonomie erleben durftest.
- Zurückweisung: Wenn du emotionale Nähe nur unter

Bedingungen bekommen hast.

Diese Reiz-Reaktions-Muster laufen oft automatisch ab. Und sie haben eines gemeinsam: Sie machen uns handlungsunfähig. Wir sind dann nicht mehr im Hier und Jetzt, sondern in einem inneren Notfallmodus. Fight, Flight, Freeze – die klassischen Stressreaktionen.

Doch der eigentliche Schmerz liegt nicht im jetzigen Gespräch – sondern in der Erinnerung, die es anrührt.
Und genau darin liegt auch der Schlüssel: Was dich triggert, zeigt dir, wo du heilen darfst.

Projektion vs. Realität

Wenn wir getriggert sind, verlieren wir den Kontakt zur Realität. Wir sehen nicht mehr den Menschen vor uns, sondern unser inneres Bild von Gefahr, Bedrohung, Ablehnung oder Schuld.

Das ist der Moment, in dem Projektion geschieht.
Projektion bedeutet: Wir schreiben anderen das zu, was eigentlich in uns selbst aktiv ist. Unsere Angst, unsere Wut, unsere ungelösten Gefühle. Statt zu sagen: „Ich habe gerade Angst, nicht genug zu sein", denken wir: „Du findest mich inkompetent." Statt zu fragen: „Kannst du mich gerade nicht sehen?", schreien wir: „Du hörst nie zu!"

Ein typisches Beispiel:
Dein Partner vergisst etwas, das dir wichtig ist.
Du reagierst sofort mit: „Du interessierst dich einfach nicht für mich!"
Aber ist das wahr? Oder ist es ein alter Schmerz, der aktiviert wurde – vielleicht das Gefühl, nicht gesehen zu werden?

Projektion entsteht aus einem inneren Bedürfnis nach Kontrolle. Wenn wir ein unangenehmes Gefühl nicht halten können, geben wir dem anderen die Verantwortung dafür. Es fühlt sich im Moment sicherer an, den anderen zu beschuldigen, als die eigene Verletzlichkeit zu spüren.

Doch das Problem ist: Projektion verzerrt die Kommunikation. Sie lässt uns für etwas kämpfen, das gar nicht im Raum ist. Und sie lässt uns andere für etwas verantwortlich machen, das in uns selbst entstanden ist.

Je weniger wir über unsere inneren Wunden wissen, desto mehr projizieren wir sie nach außen.

Der Weg aus der Projektion beginnt mit Selbstbeobachtung:

- Was genau fühle ich gerade?
- Kenn ich dieses Gefühl von früher?
- Hat mein Gegenüber das wirklich gesagt – oder ist das meine Interpretation?
- Was würde ich brauchen, wenn ich ehrlich bin?

Diese Fragen holen dich aus der automatischen Reaktion zurück in die Selbstverantwortung – und damit auch zurück in eine gesunde, offene Kommunikation.

Trigger als Kommunikations-Chance

Auch wenn sie unangenehm sind: Trigger sind keine Feinde. Sie sind Hinweise. Sie zeigen dir, wo du innerlich noch nicht frei bist – und geben dir gleichzeitig die Möglichkeit, dich besser kennenzulernen.

Ein Trigger ist wie ein emotionaler Türöffner: Dahinter verbirgt sich ein unerfülltes Bedürfnis, ein alter Schmerz, eine tiefere Wahrheit. Wenn du ihn erkennst und nicht sofort abwehrst, sondern mit Neugier betrachtest, passiert etwas Magisches: Aus

Reaktion wird Reflexion. Aus Angriff wird Kontakt. Aus Distanz wird Verbindung.

Nehmen wir folgendes Beispiel:
Du sitzt in einem Meeting, jemand übergeht deine Idee. Du fühlst dich gedemütigt. Der Trigger ist aktiv. Deine automatische Reaktion könnte sein: Rückzug, Sarkasmus, Wut.

Aber wenn du innehältst und dich fragst:

- Warum trifft mich das so?
- Fühle ich mich vielleicht übersehen, wie damals in der Schule oder zuhause?
- Was bräuchte ich jetzt – Anerkennung? Raum? Gehörtwerden?

Dann kannst du bewusst entscheiden, wie du kommunizieren willst. Statt zu explodieren oder zu schweigen, könntest du sagen: „Ich merke gerade, dass es mich trifft, wenn meine Idee übergangen wird. Ich wünsche mir, dass wir das noch einmal aufgreifen."
Was passiert? Du bleibst in Verbindung mit dir – und öffnest die Tür zur Verbindung mit anderen.

Das ist echte Kommunikationskraft.

Natürlich braucht das Übung. In der Hitze des Moments fällt es schwer, einen Schritt zurückzutreten. Aber genau deshalb ist es so wichtig, sich vorab mit den eigenen Triggerpunkten zu beschäftigen. Je besser du sie kennst, desto leichter erkennst du sie im Gespräch – und desto bewusster kannst du handeln.

Hier sind einige häufige Triggerursachen – und was dahinterstecken kann:

Trigger	**Mögliche Ursache**	**Tiefes Bedürfnis**
Kritik	Kindliche Strafe für Fehler	Angenommen sein trotz Unvollkommenheit
Missachtung	Emotionale Vernachlässigung	Gesehen und gehört werden
Dominanz oder	Ohnmachtserfahrungen	Selbstwirksamkeit und

Kontrolle		Autonomie
Ablehnung	Verlust- oder Trennungserfahrungen	Zugehörigkeit und Sicherheit
Abwertung	Frühere Beschämung oder Bloßstellung	Würde, Respekt und Gleichwertigkeit

Wenn du dir dieser Mechanismen bewusst wirst, kannst du beginnen, deine Kommunikation von innen heraus zu verändern – nicht durch Strategie, sondern durch Selbsterkenntnis.

Trigger sind keine Schwäche – sie sind ein Wegweiser

In unserer Gesellschaft wird emotionale Reaktivität oft als Schwäche angesehen. Dabei sind Trigger nichts anderes als Signale: Hier ist etwas noch nicht geheilt. Hier brauchst du mehr Mitgefühl – nicht nur von anderen, sondern vor allem von dir selbst.

Wenn du lernst, deine Trigger ernst zu nehmen, ohne dich mit ihnen zu identifizieren, entsteht eine neue Qualität von innerer Freiheit. Du wirst nicht mehr Opfer deiner Reaktion – du wirst Beobachter. Und daraus kann Wahl entstehen. Und Handlung. Und echte, aufrichtige Kommunikation.

Statt dich zu verteidigen, kannst du dich ausdrücken.
Statt dich zu verschließen, kannst du teilen.
Statt in der Vergangenheit gefangen zu bleiben, kannst du im Jetzt wirken.

Das ist nicht immer leicht – aber es ist möglich. Und es beginnt mit einem einfachen Schritt:
Erkenne, was dich wirklich triggert. Nicht, um es zu vermeiden, sondern um es zu verwandeln.

Impulse zur Reflexion

- Welche Situationen bringen dich immer wieder aus der Fassung?
- Was sagst du oft zu dir selbst, wenn du dich verletzt fühlst?

- Welche alten Erfahrungen könnten hinter deinen stärksten Triggern stehen?
- Wie möchtest du in Zukunft reagieren – und was brauchst du, um das zu können?

Im nächsten Kapitel schauen wir uns an, wie du durch aktives Zuhören und Empathie das emotionale Klima eines Gesprächs sofort verbessern kannst – selbst wenn es schwierig wird. Denn echte Kommunikation beginnt nicht beim Sprechen, sondern beim Verstehen.

KAPITEL 2: VERSTEHEN WOLLEN – DER ERSTE SCHRITT ZU ECHTER VERBINDUNG

Aktives Zuhören als Heilmittel

Wir alle wollen gehört werden. Wirklich gehört. Nicht nur in einem oberflächlichen „Ich habe dir zugehört"-Sinn, sondern in einem tieferen, emotionalen Sinn: *„Ich sehe dich. Ich nehme wahr, was du fühlst. Ich bin bei dir."*

Doch obwohl wir so sehr nach echtem Zuhören hungern, erleben wir es selten. Oft begegnet uns in Gesprächen vor allem eines: Warten auf die eigene Sprechzeit. Das Gegenüber hört uns nur so lange zu, bis es wieder an der Reihe ist. Oder hört nur das, was zur eigenen Agenda passt. Oder unterbricht, wertet ab, lenkt ab, bewertet – manchmal subtil, manchmal offensichtlich.

Dabei ist Zuhören mehr als ein höflicher Akt. Es ist ein Geschenk. Es ist Nähe. Es ist eine Form von Liebe.

Und: Es ist heilend.

Denn wenn ein Mensch sich wirklich gehört fühlt, entspannt sich etwas in ihm. Er muss nicht mehr kämpfen. Er kann aufhören, zu beweisen, zu verteidigen, zu rechtfertigen. Echte Verbindung wird möglich.

In dieser Sektion geht es um genau das: Wie du durch echtes, aktives Zuhören nicht nur deine Beziehungen vertiefst – sondern auch das emotionale Klima um dich herum veränderst. Und wie du lernst, nicht nur mit den Ohren zu hören, sondern mit dem Herzen.

Zuhören ohne Agenda

Der erste und vielleicht wichtigste Schritt ist: Lass deine eigene Agenda los.

Das klingt einfacher, als es ist. Denn in fast jedem Gespräch laufen unbewusst Gedanken ab wie:

- „Was antworte ich gleich?"
- „Was bedeutet das für mich?"
- „Stimmt das, was der andere sagt?"
- „Wie kann ich meine Sicht klar machen?"

Diese Gedanken sind menschlich – aber sie verhindern echtes Zuhören. Denn sie verschieben den Fokus von der anderen Person zurück auf dich.

Aktives Zuhören bedeutet, die innere Bühne für einen Moment freizuräumen. Nicht, um dich selbst aufzugeben – sondern um wirklich anwesend zu sein. Nicht, um dich zu verlieren – sondern um Verbindung möglich zu machen.

Zuhören ohne Agenda heißt:

- Nicht sofort antworten müssen
- Nicht bewerten
- Nicht vergleichen
- Nicht analysieren

Es heißt: Nur da sein. Und empfangen.

Das ist selten geworden – in einer Welt, in der Leistung, Meinung und Reaktion wichtiger zu sein scheinen als Präsenz. Doch gerade deshalb ist es so wertvoll.

Ein Mensch, der spürt, dass du ihn nicht korrigieren, retten oder verbessern willst, wird sich dir viel eher öffnen. Und paradoxerweise: Er wird sich eher verändern, weil er sich angenommen fühlt.

Denn: Was wir bekämpfen, bleibt. Was wir wirklich hören, kann sich wandeln.

Spiegeln und Paraphrasieren

Viele Menschen wissen nicht, wie sie aktiv zuhören sollen – weil sie denken, dass es passiv sei. Aber aktives Zuhören ist alles andere als das. Es ist eine aktive, bewusste und wertschätzende Handlung.
Und ein zentrales Element davon ist das Spiegeln und Paraphrasieren.

Spiegeln bedeutet, dass du dem Gegenüber zeigst, was du wahrgenommen hast – nicht durch neue Worte, sondern durch eine aufrichtige Rückmeldung. Zum Beispiel:

- „Ich sehe, dass dich das sehr bewegt."
- „Du wirkst traurig, während du das erzählst."
- „Das scheint dir wirklich wichtig zu sein."

Solche Sätze machen sichtbar: *Ich bin bei dir. Ich nehme dich wahr. Du bist nicht allein mit dem, was du fühlst.*

Paraphrasieren geht noch einen Schritt weiter: Du formulierst in eigenen Worten das, was du verstanden hast. Zum Beispiel:

- „Wenn ich dich richtig verstehe, hat dich das verletzt, weil du dich übergangen gefühlt hast?"
- „Du sagst also, dass du dir mehr Unterstützung gewünscht hättest?"
- „Du meinst, das Gespräch mit deinem Chef hat alte Unsicherheiten in dir wachgerufen?"

Wichtig dabei: Es geht nicht darum, den anderen zu interpretieren oder zu analysieren. Sondern darum, dein Verständnis zu zeigen und gleichzeitig Raum zu lassen, es zu korrigieren oder zu vertiefen.

Diese Technik ist besonders hilfreich in angespannten Gesprächen – weil sie sofort eine Brücke schlägt. Plötzlich fühlt sich der andere gesehen. Und das verändert alles.

Ein Tipp: Wenn du unsicher bist, ob du etwas richtig verstanden hast, sag es ruhig offen:

- „Ich versuche gerade nachzuvollziehen, was du meinst – sag mir gern, wenn ich etwas falsch verstanden habe."

Diese Haltung schafft Vertrauen. Und sie zeigt: Du bist nicht hier, um zu „wissen", sondern um wirklich zu verstehen.

Die Kraft von Pausen und Stille

Viele Menschen haben Angst vor Stille. In Gesprächen füllen sie jede Lücke sofort mit Worten. Doch gerade im Zuhören ist die Stille eine der wichtigsten Kräfte.

Denn in der Stille geschieht Verinnerlichung.
In der Stille kann das Gesagte wirken.
In der Stille entsteht Raum für das, was noch unausgesprochen ist.

Wenn du jemandem zuhörst – halte inne. Lass ein paar Sekunden verstreichen, bevor du antwortest. Schau, was zwischen euch im Raum steht. Gib dem anderen die Chance, weiterzusprechen. Manchmal kommt das Wichtigste erst nach der ersten Antwort.

Stille zeigt auch: Du hast nichts zu beweisen. Du musst nicht sofort reagieren. Du bist präsent.

In einem guten Gespräch gibt es Momente, in denen keine Worte nötig sind. Ein Blick, ein Nicken, eine ruhige Gegenwart können mehr sagen als jede noch so kluge Erwiderung.

Gerade bei emotionalen Themen ist Stille heilsam. Wenn jemand von einem Schmerz erzählt – höre zu. Sei einfach da. Sag vielleicht nur:

- „Danke, dass du das mit mir teilst."

- Oder: „Ich bin hier."

Mehr braucht es manchmal nicht.

Und noch ein Aspekt: Auch dein Gegenüber braucht Zeit zum Denken. In unserer schnellen Welt verlernen wir das oft. Aber wenn du Raum gibst, Pausen zulässt, Stille aushältst – ermöglichst du Tiefgang.

Aktives Zuhören verändert die Beziehung – und dich selbst

Wenn du beginnst, wirklich zuzuhören, wirst du nicht nur deine Beziehungen verändern – du wirst auch dich selbst verändern. Denn du lernst, nicht nur das Außen zu kontrollieren, sondern deine eigene Präsenz zu erweitern.

Du wirst:

- Weniger impulsiv reagieren
- Besser verstehen, was Menschen wirklich sagen
- Tiefer verbunden sein – mit anderen und mit dir selbst

Und du wirst merken: Zuhören ist nicht nur ein Dienst an anderen – es ist auch ein Geschenk an dich. Denn in jedem Moment des echten Zuhörens übst du:

- Geduld
- Empathie
- Achtsamkeit
- Loslassen von Kontrolle

Das sind keine kleinen Dinge. Das sind Fähigkeiten, die dein ganzes Leben verbessern können.

Impulse zur Reflexion

- Wann hast du dich das letzte Mal wirklich gehört gefühlt? Was war dabei anders?

- Wie oft hörst du zu, um wirklich zu verstehen – nicht, um zu antworten?
- Was fällt dir schwerer: zuzuhören oder zu sprechen?
- Was passiert in dir, wenn du einfach nur präsent bist – ohne Ratschlag, ohne Urteil?

Praktische Übung: 5 Minuten Zuhören

Finde eine Person in deinem Umfeld, mit der du üben kannst.
Die Aufgabe: Stelle eine offene Frage (z. B. „Wie geht es dir wirklich gerade?") – und dann höre 5 Minuten lang einfach nur zu.

- Keine Unterbrechung
- Kein Ratschlag
- Kein Kommentar
- Nur Nicken, Augenkontakt, kleine Bestärkungen wie „mmh" oder „verstehe"

Wenn du anschließend möchtest, darfst du paraphrasieren oder spiegeln – aber auch das ohne Bewertung.
Tauscht danach die Rollen.

Diese Übung ist kraftvoll – und oft sehr berührend.

Im nächsten Abschnitt erfährst du, wie Empathie und emotionale Intelligenz den nächsten Schritt ermöglichen – und wie du damit nicht nur „verstehst", sondern wirklich in Beziehung trittst.

Empathie ist kein Gefühl, sondern eine Haltung

Wenn Menschen über Empathie sprechen, klingt es oft so, als sei sie eine Art Gefühl, das man entweder hat oder nicht hat.
Doch Empathie ist weit mehr – und zugleich etwas anderes: Sie ist eine Haltung. Eine Entscheidung. Eine Fähigkeit.
Und sie ist eine der kraftvollsten Werkzeuge der Kommunikation überhaupt.

Empathie bedeutet nicht, dass du mitfühlst im Sinne von Mitleid oder dass du alles gutheißt, was dein Gegenüber sagt. Es heißt auch nicht, dass du in jeder Situation emotional mitschwingen musst.

Empathie heißt: Ich bin bereit, dich zu verstehen – auch wenn ich dich nicht verstehe. Ich bin offen für deine Welt, ohne meine zu verlieren.
Es ist der Moment, in dem du sagst: *„Ich höre dich. Ich sehe dich. Ich will dich wirklich verstehen."*

Empathie braucht keine perfekten Worte. Sie braucht Bereitschaft – und Raum.
Sie beginnt mit einem einzigen Schritt: dem Willen, deine Perspektive zu verlassen.

Perspektivwechsel üben

Stell dir vor, du schaust durch ein Fernglas. Alles, was du siehst, ist durch deine Linse gefärbt: deine Erfahrungen, deine Überzeugungen, deine Werte. So geht es jedem Menschen.
Ein Perspektivwechsel bedeutet: Ich lege mein Fernglas beiseite – und blicke durch deines.
Nicht, weil ich meine Sichtweise aufgeben muss, sondern weil ich begreifen will, wie es für dich aussieht.

Das ist nicht immer leicht. Vor allem dann nicht, wenn du emotional beteiligt bist oder dein Gegenüber etwas tut, das du selbst nie tun würdest.
Doch genau dann ist Empathie besonders heilsam. Weil sie Brücken baut. Weil sie Mauern abbaut. Weil sie Verbindung schafft, wo Trennung droht.

Ein Perspektivwechsel erfordert Mut zur Unsicherheit. Du lässt deine gewohnte Deutung los und fragst:

- *„Was könnte dieser Mensch gerade fühlen?"*
- *„Was ist sein inneres Erleben – unabhängig von meinem Urteil?"*

- *„Was wäre, wenn ich an seiner Stelle wäre – mit seiner Geschichte, seinen Wunden, seinen Ängsten?“*

Eine kleine Übung kann helfen:
Wenn dich jemand triggert, unterbricht oder dich missversteht – nimm dir innerlich einen Moment und frage dich:

- *„Was muss in ihm gerade lebendig sein, dass er so reagiert?“*

Es geht nicht darum, Verhalten gutzuheißen. Sondern zu verstehen, dass hinter jedem Verhalten ein innerer Zustand liegt.

Menschen handeln nicht grundlos. Sie reagieren aus Schmerz, Schutz, Stress oder alten Mustern. Empathie erlaubt es dir, das zu sehen – und dennoch bei dir zu bleiben.

Das erfordert Achtsamkeit. Denn dein eigener Impuls ist vielleicht, dich zu verteidigen oder zurückzuschlagen. Aber der empathische Moment ist der, in dem du sagst:
„Ich will dich trotzdem verstehen.“
Nicht: „Ich bin einverstanden.“
Sondern: „Ich sehe deinen Schmerz.“

Und das verändert alles.

Emotionale Bedürfnisse erkennen

Wenn wir kommunizieren, reden wir selten über das, worum es wirklich geht. Wir streiten über die Zahnpastatube, die To-do-Liste oder das zu spät Gekommensein – aber darunter liegen fast immer emotionale Bedürfnisse, die unerfüllt geblieben sind.

Bedürfnisse sind universell. Jeder Mensch hat sie. Wir alle wollen:

- Gehört werden
- Ernst genommen werden
- Gesehen werden
- Frei sein
- Zugehörig sein
- Sicher sein

- Etwas bewirken
- Geliebt werden

Wenn du lernst, in einem Gespräch nicht nur die Worte zu hören, sondern auch das dahinterliegende Bedürfnis, passiert etwas Besonderes: Du begegnest dem anderen auf einer tieferen Ebene.

Ein Beispiel:
Ein Kollege sagt: *„Immer bleibt alles an mir hängen!“*
Du könntest in die Verteidigung gehen: *„Das stimmt doch gar nicht!“*
Oder du gehst tiefer und fragst dich: *„Welches Bedürfnis zeigt sich hier?“*
Vielleicht: Gesehen werden. Entlastung. Gerechtigkeit.

Dann könntest du sagen:
„Es klingt, als fühltest du dich gerade allein mit der Verantwortung. Stimmt das?“
Das verändert sofort den Ton. Der andere merkt: *„Du hörst nicht nur, was ich sage – du erkennst, was ich brauche.“*

Diese Fähigkeit ist erlernbar. Es braucht nur ein wenig Aufmerksamkeit und den Willen, unter die Oberfläche zu schauen.

Manchmal hilft es, sich innerlich zu fragen:

- Was ist der Wunsch hinter der Wut?
- Was ist die Sehnsucht hinter der Klage?
- Was ist der Schmerz hinter der Anklage?

Diese Fragen bringen dich in eine verstehende Haltung – und lassen Gespräche aufhören, Kämpfe zu sein.

Natürlich darfst du auch deine eigenen Bedürfnisse ernst nehmen. Empathie heißt nicht: Ich verliere mich im anderen. Es heißt: Ich erkenne das Menschliche – in dir und in mir.

Validierung ohne Zustimmung

Ein besonders kraftvoller Ausdruck von Empathie ist die Fähigkeit, das Erleben eines anderen zu bestätigen – ohne ihm recht geben zu müssen.

Das nennt man Validierung.
Validieren heißt: *„Ich erkenne an, dass du das gerade so empfindest. Dass das deine Wahrheit ist. Dass es für dich so ist.“*

Das ist nicht dasselbe wie: „Ich stimme dir zu.“
Du kannst einen Menschen validieren, auch wenn du eine ganz andere Sichtweise hast.

Beispiel:
Dein Partner sagt: *„Ich habe das Gefühl, du nimmst mich nicht ernst.“*
Du könntest sagen:

- *„Ich verstehe, dass du dich nicht ernst genommen fühlst.“*
  Statt:
- *„Aber das stimmt doch gar nicht!“*

Was du damit tust, ist nicht: seine Aussage objektiv zu bestätigen.
Sondern: sein inneres Erleben anzuerkennen.
Und das ist genau das, was wir alle uns in Gesprächen wünschen: Dass unsere Realität gesehen wird – nicht bewertet, nicht wegerklärt, nicht korrigiert.

Wenn du beginnst, häufiger zu validieren, wirst du feststellen: Gespräche werden weicher. Menschen öffnen sich. Der Druck sinkt.

Validierung wirkt wie ein emotionales Pflaster. Es beruhigt das Nervensystem. Es lässt das Gegenüber durchatmen. Es signalisiert: *„Ich sehe, dass du fühlst, was du fühlst. Und ich halte das aus.“*

Das braucht Übung. Und vor allem braucht es eine innere Bereitschaft, nicht immer „recht“ haben zu müssen.
Denn oft widersprechen wir anderen nicht, weil wir sie nicht verstehen – sondern weil wir Angst haben, ihnen durch Zustimmung „Macht“ zu geben. Doch Empathie hat mit Macht

nichts zu tun. Sie hat mit Menschlichkeit zu tun.

Wenn du jemandem zuhörst, ohne ihn zu korrigieren – sondern ihn in seinem Erleben annimmst –, stärkst du nicht nur eure Beziehung. Du stärkst auch sein Vertrauen in sich selbst.

Empathie beginnt im Inneren

So paradox es klingt: Um anderen empathisch begegnen zu können, musst du zuerst dir selbst empathisch begegnen.
Das bedeutet:

- Deine eigenen Gefühle wahrnehmen
- Deine Reaktionen verstehen
- Dir selbst mit Geduld und Mitgefühl begegnen

Je mehr du dich selbst verstehst, desto leichter fällt es dir, andere nicht mehr als Gegner, sondern als Menschen mit einer Geschichte zu sehen.

Denn das ist die Essenz von Empathie:
Nicht Mitleid. Nicht Urteil. Nicht Zustimmung.
Sondern das ehrliche Bemühen zu sagen: *„Ich sehe, dass du fühlst, was du fühlst – und ich bin bereit, dir darin zu begegnen.“*

Das macht dich nicht schwächer. Es macht dich klarer. Reifer. Wahrhaftiger.

Impulse zur Reflexion

- Wann warst du zuletzt wirklich empathisch – obwohl du anderer Meinung warst?
- Welche deiner eigenen Bedürfnisse erkennst du oft erst im Nachhinein?

- Fällt es dir schwerer, andere zu validieren – oder dich selbst? Warum?
- Was wäre anders in deinen Beziehungen, wenn du dich auf die Ebene der Bedürfnisse begeben würdest?

Im nächsten Abschnitt gehen wir noch einen Schritt weiter: Wie du durch bewusstes Sehen und Hören den Menschen hinter der Fassade erkennst – und damit die Tür zu echter Verbindung öffnest.

Den anderen wirklich sehen lernen

Wenn Menschen miteinander sprechen, tauschen sie weit mehr aus als Worte. In jedem Gespräch schwingen Gefühle mit, unausgesprochene Bedürfnisse, versteckte Zweifel, unausgesprochene Bitten – oder schlichte Sehnsucht nach Verbindung. Wer nur hinhört, verpasst oft das Wesentliche. Wer jedoch wirklich sehen lernt, sieht hinter die Fassade: die verletzliche Wahrheit im anderen Menschen.

Diese Fähigkeit – den anderen tiefer wahrzunehmen, jenseits von Worten – ist keine besondere Gabe. Sie ist erlernbar. Und sie ist der Schlüssel zu echter, heilsamer Kommunikation.

Denn oft braucht ein Mensch nicht mehr als das Gefühl, wirklich gesehen zu werden. Nicht analysiert. Nicht korrigiert. Nicht belehrt. Sondern gesehen. In dem, was gerade in ihm lebendig ist.

In dieser Sektion geht es darum, wie du lernen kannst, hinter dem Gesagten das Gemeinte zu erkennen, Körpersprache als Sprache des Unbewussten zu verstehen – und mit den richtigen Fragen in Beziehung zu treten, statt nur Informationen auszutauschen.

Zwischen den Zeilen hören

Sprache ist oft nur die Spitze des Eisbergs. Was Menschen sagen, ist selten alles. Viel häufiger bleibt das, was wirklich wichtig ist, unausgesprochen. Aus Angst. Aus Gewohnheit. Aus Unsicherheit. Oder einfach, weil uns die Worte fehlen.

„Zwischen den Zeilen hören" bedeutet, genau dort hinzuhören, wo nichts gesagt wird – aber viel mitschwingt. Es bedeutet, aufmerksam zu sein für:

- Pausen
- Tonlagen
- Wiederholungen
- Halbsätze
- Unausgesprochene Fragen

Ein Beispiel:
Jemand sagt: *„Naja, es war halt ein anstrengender Tag."*
Neutral, fast beiläufig. Doch die Stimme klingt angespannt, der Blick geht zu Boden, die Schultern sind hochgezogen.
Wer hier genau hinhört, erkennt: Da ist mehr. Vielleicht Erschöpfung. Vielleicht Wut. Vielleicht das Bedürfnis, gehört zu werden – ohne gleich erklären zu müssen.

Zwischen den Zeilen zu hören bedeutet nicht, wild zu interpretieren oder sich Geschichten auszudenken. Es bedeutet: Mit Achtsamkeit präsent zu sein und Raum zu geben für das, was gerade gesagt wird – und was sich vielleicht nicht zu sagen traut.

Ein feiner Indikator ist dein eigenes Körpergefühl. Wenn du während eines Gesprächs plötzlich innerlich unruhig wirst, dich verkrampfst oder traurig wirst, obwohl das Thema harmlos erscheint, könnte es sein, dass dein Gegenüber etwas zurückhält – und du es intuitiv wahrnimmst.

In solchen Momenten ist es hilfreich, das Gespräch ein Stück zu verlangsamen. Du könntest sagen:

- „Magst du noch ein bisschen mehr dazu sagen?"
- „Ich habe das Gefühl, da ist noch mehr, was dich bewegt."
- „Wenn ich dir zuhöre, spüre ich, dass da vielleicht auch etwas Belastendes mitschwingt – liege ich da falsch?"

Diese Art des Zuhörens öffnet Türen. Denn du zeigst damit: *„Ich sehe dich – auch wenn du gerade nicht alles sagen kannst."*
Und oft ist das der Moment, in dem sich ein Mensch traut, mehr zu zeigen.

Körpersprache entschlüsseln

Der größte Teil unserer Kommunikation geschieht nonverbal – also ohne Worte. Studien zeigen, dass über 90% unseres emotionalen Ausdrucks durch Körpersprache, Mimik, Gestik und Tonfall übermittelt wird. Wenn du also lernen willst, andere wirklich zu sehen, musst du lernen, mit den Augen zu hören.

Körpersprache ist die Sprache des Körpers – und damit oft ehrlicher als Worte. Denn während Worte bewusst gewählt werden, ist der Körper selten in der Lage, dauerhaft zu lügen.

Er verrät oft, was wirklich in uns los ist:

- Arme verschränkt: Schutz, Abwehr, Unsicherheit
- Schultern hochgezogen: Anspannung, Stress
- Blickkontakt vermeiden: Scham, Unsicherheit, Rückzug
- Hastige Bewegungen: Nervosität, Reizbarkeit
- Flache Atmung: Angst, Unruhe
- Lippen pressen: Zurückhaltung, Wut

Wichtig ist: Körpersprache ist nicht universell eindeutig. Sie muss immer im Kontext betrachtet werden – mit dem, was gesagt wird, mit der Persönlichkeit des Menschen und mit dem emotionalen Moment.

Beobachten heißt hier nicht: bewerten oder analysieren, sondern einfühlend wahrnehmen.
Zum Beispiel:
Jemand lächelt, aber seine Stimme klingt brüchig. Oder er sagt: *„Alles gut."*, aber weicht deinem Blick aus.
In solchen Fällen darfst du dich trauen, vorsichtig anzusprechen, was du wahrnimmst:

- „Dein Lächeln sagt etwas anderes als deine Augen – magst du mir sagen, wie es dir wirklich geht?“
- „Du sagst, es ist okay – und gleichzeitig spüre ich, dass dich etwas bewegt.“

Solche Aussagen sind keine Unterstellungen, sondern Einladungen. Sie zeigen, dass du nicht nur Worte hörst – sondern den ganzen Menschen wahrnimmst.

Auch dein eigener Körper kann zum Resonanzraum werden: Was spürst du im Gegenüber – und was macht das mit dir?

Eine gute Übung ist, in Gesprächen hin und wieder innerlich zu fragen:

- *Wie fühlt sich gerade der Raum zwischen uns an?*
- *Wie ist die Körperhaltung meines Gegenübers – offen oder verschlossen?*
- *Was sagt seine Mimik, wenn bestimmte Themen angesprochen werden?*

Körpersprache entschlüsseln bedeutet nicht, Kontrolle zu gewinnen – sondern Verbindung herzustellen. Nicht urteilen, sondern fühlen. Das macht Kommunikation menschlich.

Bedürfnisorientierte Fragen stellen

Viele Gespräche bleiben an der Oberfläche, weil die richtigen Fragen fehlen. Wer nur nach Fakten fragt, bekommt Informationen. Wer nach dem Menschen fragt, bekommt Verbindung.

Bedürfnisorientierte Fragen zielen nicht auf Argumente oder Erklärungen ab – sondern auf das, was in einem Menschen gerade lebendig ist.
Sie sind offen, achtsam, ehrlich interessiert. Und sie laden ein, sich zu zeigen.

Ein paar Beispiele:

- *„Was brauchst du gerade am meisten?"*
- *„Was hat dich in der Situation besonders berührt oder verletzt?"*
- *„Worum ging es dir wirklich, als du so reagiert hast?"*
- *„Was hätte dir geholfen, dich sicherer zu fühlen?"*

Diese Fragen sind keine Werkzeuge zur Problemlösung – sondern zur Kontaktaufnahme. Sie zeigen: *„Ich will dich verstehen. Nicht nur, was du denkst – sondern was du fühlst und brauchst."*

Gerade in Konflikten können solche Fragen Wunder wirken. Statt dich zu verteidigen oder nach Schuld zu suchen, könntest du fragen:

- *„Was hättest du dir in dem Moment von mir gewünscht?"*
- *„Was hat dich so getroffen?"*
- *„Was war dir in dem Moment wichtig?"*

Wenn du so fragst, lädst du den anderen ein, aus dem Vorwurf in die Selbsterklärung zu gehen. Und oft entwaffnet das sogar hitzige Gespräche – weil sich beide Seiten endlich gesehen fühlen.

Wichtig: Bedürfnisorientierte Fragen sind offen, langsam, raumgebend.
Sie entstehen nicht aus Neugier, sondern aus Zuwendung.
Und sie erfordern Mut – weil sie Nähe schaffen. Aber genau das ist es, worum es in echter Kommunikation geht.

Echte Begegnung geschieht, wenn du hinsehen willst

Den anderen wirklich zu sehen, ist ein Geschenk – und eine Entscheidung. Es bedeutet, mit offenem Herzen zuzuhören, ohne zu wissen, was kommt. Es bedeutet, bereit zu sein, das Unbequeme zu fühlen, statt es zu übergehen. Es bedeutet, hinter Worten den Menschen zu erkennen.

Das ist keine Technik. Es ist eine Haltung. Eine Form von Aufmerksamkeit, die Nähe zulässt – auch wenn es herausfordernd wird.

Manchmal reicht ein Satz wie:

- *„Ich sehe, dass dich das gerade bewegt."*
- *„Ich spüre, dass da etwas Tieferes mitschwingt."*
- *„Du musst es nicht erklären – ich bin da."*

Und ein Mensch atmet auf. Weil er spürt: *„Ich muss mich nicht beweisen. Ich darf einfach sein."*

Das ist die Kraft von wahrhaftigem Sehen.
Das ist der Anfang echter Verbindung.

Impulse zur Reflexion

- In welchen Gesprächen bist du mehr mit deinen Gedanken als mit deinem Gegenüber beschäftigt?
- Wann hast du zuletzt zwischen den Zeilen etwas Wichtiges erkannt?
- Welche Körpersignale nimmst du bei anderen wahr – und wie reagierst du darauf?
- Welche Frage könntest du einem lieben Menschen heute stellen, um ihn besser zu verstehen?

Im nächsten Kapitel wirst du erfahren, wie du deine eigene innere Welt sortierst, um klarer, aufrichtiger und zugleich sanfter zu kommunizieren. Denn Verbindung beginnt nicht nur im Außen – sondern bei dir selbst.

KAPITEL 3: SELBSTKLÄRUNG – KLARHEIT SCHAFFEN, BEVOR DU SPRICHST

Was du fühlst vs. was du sagst

Eines der größten Missverständnisse in der Kommunikation beginnt nicht beim Zuhören – sondern beim Sprechen. Genauer gesagt: in dem Moment, in dem wir uns selbst nicht wirklich verstanden haben, bevor wir überhaupt den Mund aufmachen.

Denn was viele von uns nie gelernt haben, ist das: sich selbst emotional zu klären.
Was fühle ich gerade wirklich?
Was davon gehört zum Hier und Jetzt – und was ist alte Geschichte?
Was will ich eigentlich ausdrücken?
Und wie kann ich das tun, ohne mich zu verlieren – oder den anderen zu verletzen?

Wer mit sich selbst nicht in Kontakt ist, spricht oft entweder zu viel, zu hart, zu verworren oder gar nicht.
Und das liegt fast nie an mangelnder Absicht – sondern an einem inneren Nebel, der nicht geordnet ist.
Der Schlüssel, um das zu verändern, ist Selbstklärung.
Bevor wir andere verstehen oder verstanden werden wollen, müssen wir uns selbst verstehen.
Und das beginnt mit der Fähigkeit, Emotionen zu erkennen, zu benennen und von Interpretationen zu unterscheiden.

Emotionen benennen lernen

Viele Menschen haben ein begrenztes Vokabular für ihre Gefühle.
Sie sagen:
„Ich bin schlecht drauf."

„Ich fühle mich komisch."
„Ich bin genervt."
Doch das sind oft oberflächliche Etiketten, hinter denen viel mehr steckt – Traurigkeit, Enttäuschung, Überforderung, Scham, Einsamkeit, Angst oder Ohnmacht.

Warum ist das wichtig?

Weil wir nur das regulieren können, was wir benennen können. Ein Gefühl, das kein Wort hat, bleibt wie ein dunkler Schatten in uns – unklar, diffus, mächtig. Sobald wir ihm einen Namen geben, verliert es seine Bedrohlichkeit. Wir treten in Beziehung dazu. Wir holen es ins Bewusstsein.

Statt: „Ich bin schlecht drauf", könntest du sagen:

- „Ich bin heute traurig, weil ich mich übersehen fühle."
- „Ich bin angespannt, weil ich Angst habe, nicht zu genügen."
- „Ich bin innerlich leer, weil ich mich seit Tagen abgeschnitten fühle."

Diese Art von Selbstwahrnehmung verändert alles.
Nicht nur, wie du mit dir selbst umgehst – sondern auch, wie du mit anderen sprichst.
Denn plötzlich sprichst du von dir – statt über andere.
Und du öffnest einen Raum, der echtes Verstehen möglich macht.

Ein kleiner Einstieg: Wenn du das nächste Mal merkst, dass dich etwas innerlich bewegt, frage dich:

- *Was genau fühle ich gerade?*
- *Was war der Auslöser?*
- *Was liegt darunter?*

Nutze dabei gezielte Gefühlsworte – nicht Bewertungen. Sag nicht „Ich fühle mich verraten" (das ist eine Interpretation). Sag:

- „Ich bin enttäuscht."
- „Ich bin verletzt."
- „Ich bin wütend."

- „Ich bin unsicher."

Und: Vertraue darauf, dass du mehr fühlst, als du denkst.
Viele Gefühle sind fein, leise, gemischt. Erlaube dir, sie zu entdecken – wie ein innerer Forscher.

Unterschied zwischen Gefühl und Interpretation

Einer der häufigsten Fehler in Gesprächen ist es, Interpretationen mit Gefühlen zu verwechseln.
Viele Menschen sagen:

- „Ich fühle mich nicht respektiert."
- „Ich fühle mich ausgenutzt."
- „Ich fühle, dass du mich nicht ernst nimmst."

Doch Vorsicht: Das sind keine Gefühle, sondern Interpretationen. Sie sagen nicht, was du fühlst – sondern was du über das Verhalten des anderen denkst.

Das Problem dabei: Solche Aussagen erzeugen schnell Abwehr. Denn sie klingen wie verdeckte Vorwürfe. Und sie lassen keinen Raum für echte Verbindung, sondern zwingen dein Gegenüber in eine Verteidigungshaltung.

Der Ausweg: Trenne, was du fühlst, von dem, was du denkst.

Statt zu sagen:
„Ich fühle mich nicht respektiert",
sag:
„Ich bin traurig und verletzt, weil mir Respekt gerade sehr wichtig ist."

Statt:
„Ich fühle mich kontrolliert",
sag:
„Ich bin angespannt und wütend, weil ich mir gerade mehr Freiheit wünsche."

Der Unterschied mag sprachlich klein wirken – emotional ist er riesig.
Du übernimmst Verantwortung für dein inneres Erleben.

Du lässt Raum für Dialog, statt Schuld zu verteilen.
Du bleibst in Verbindung – mit dir und dem anderen.

Diese Unterscheidung braucht Achtsamkeit. Sie ist nicht immer einfach – besonders in intensiven Momenten. Aber sie verändert die Qualität jedes Gesprächs.

Frage dich daher regelmäßig:

- *Was ist das tatsächliche Gefühl in mir – jenseits dessen, was ich über den anderen denke?*
- *Wie kann ich das in klaren, echten Worten ausdrücken?*

Mit dieser inneren Haltung wird Kommunikation zur Brücke – nicht zum Kampf.

Emotionstagebuch als Übung

Eine wirkungsvolle Methode, um dich selbst besser zu verstehen und deine emotionale Klarheit zu trainieren, ist das Führen eines Emotionstagebuchs. Es ist eine einfache, aber tiefgreifende Praxis, die deine Fähigkeit zur Selbstklärung nachhaltig stärkt.

Wie funktioniert es?

Nimm dir jeden Tag 10–15 Minuten Zeit und notiere:

1. Was ist heute passiert? (kurz beschreiben)
2. Wie habe ich mich in dem Moment gefühlt? (mehrere Gefühle benennen)
3. Was war mein Bedürfnis in dieser Situation?
4. Habe ich dieses Bedürfnis ausgedrückt oder unterdrückt?
5. Wie habe ich reagiert – und was hätte ich mir gewünscht?

Beispiel-Eintrag:

Situation: Kollege hat mein Projekt kritisiert

Gefühle: Erst wütend, dann verunsichert, schließlich traurig
Bedürfnis: Anerkennung, gesehen werden
Reaktion: Habe abgeblockt und das Thema gewechselt
Wunsch: Hätte gern ruhig gesagt, dass ich mir konstruktive Rückmeldung wünsche

Diese Übung wirkt auf mehreren Ebenen:

- Du benennst Gefühle – und wirst dadurch vertrauter mit deinem Innenleben
- Du erkennst wiederkehrende Muster – z. B. bestimmte Trigger oder Reaktionsweisen
- Du lernst, deine Bedürfnisse zu identifizieren – und mit der Zeit auch auszudrücken
- Du stärkst deine emotionale Intelligenz – und somit auch deine Kommunikationskraft

Wichtig: Du brauchst keine perfekten Antworten. Es geht nicht um richtig oder falsch – sondern um Ehrlichkeit mit dir selbst.

Wenn du regelmäßig ein Emotionstagebuch führst, wirst du nach einigen Wochen feststellen:

- Du erkennst schneller, was du wirklich fühlst
- Du sprichst klarer – und mit weniger Angriff oder Verteidigung
- Du reagierst weniger impulsiv – weil du weißt, was in dir vorgeht
- Du kannst besser für dich einstehen – ohne dich zu verschließen

Ein weiteres Plus: Das Emotionstagebuch ist ein geschützter Raum, in dem du sagen darfst, was du vielleicht niemandem sagen kannst – ohne Angst vor Reaktion. Es ist dein ehrlicher Spiegel.

Du kannst das Emotionstagebuch digital führen, in einem

Notizbuch, oder als Audioaufnahme – wichtig ist nur: Mach es regelmäßig.

Warum das alles so entscheidend ist

Wenn du nicht weißt, was in dir vorgeht, wirst du immer versuchen, es im Außen zu klären – durch Diskussion, Rechtfertigung, Angriff oder Rückzug.

Selbstklärung bedeutet: Ich finde heraus, was in mir lebendig ist, bevor ich es anderen vorwerfe oder auf sie projiziere.
Das ist keine egoistische Handlung – es ist ein Akt von Verantwortungsübernahme.

Denn echte Kommunikation beginnt nicht beim Sprechen, sondern beim Fühlen.

Du kannst kein Gespräch führen, das du innerlich nicht selbst verstanden hast.
Aber sobald du das tust – sobald du klar bist über dich – entsteht eine Sprache, die ehrlich, nahbar und verbindend ist.
Und genau das ist der Anfang jeder heilsamen Begegnung.

Impulse zur Reflexion

- Welche Gefühle nennst du oft – und welche eher nie?
- Wann verwechselst du ein Gefühl mit einer Interpretation?
- Welche Situationen bringen dich emotional aus dem Gleichgewicht – und was liegt darunter?
- Was könntest du heute in einem Emotionstagebuch festhalten?

Bedürfnisse erkennen und formulieren

Kommunikation wird oft dann schwierig, wenn wir nicht wirklich wissen, was wir brauchen – oder wenn wir es wissen, aber nicht sagen können. Statt klar zu sprechen, verheddern wir uns in Vorwürfen, schweigen aus Enttäuschung oder reagieren mit Wut.
Das eigentliche Bedürfnis bleibt unsichtbar – für uns selbst und für unser Gegenüber.

Doch hinter jeder Emotion steckt ein unerfülltes Bedürfnis. Und hinter jedem Konflikt steckt der Versuch, gehört, verstanden und gesehen zu werden.

Deshalb ist die Fähigkeit, eigene Bedürfnisse zu erkennen und in eine klare, ehrliche Sprache zu übersetzen, eine der wichtigsten Voraussetzungen für heilsame Kommunikation.
Sie hilft nicht nur dabei, Streit zu vermeiden oder zu deeskalieren – sie führt auch zu tieferer Verbindung mit dir selbst.

In dieser Sektion erfährst du:

- Welche menschlichen Grundbedürfnisse uns alle antreiben,
- Wie du unterdrückte Bedürfnisse hinter Gefühlsreaktionen erkennst,
- Und wie du mit gewaltfreier Sprache lernst, dein Inneres klar, friedlich und kraftvoll auszudrücken.

Die 5 häufigsten Grundbedürfnisse

Auch wenn wir als Menschen sehr unterschiedlich sind, teilen wir eine Reihe grundlegender Bedürfnisse, die universell sind. Wenn eines dieser Bedürfnisse über längere Zeit hinweg nicht erfüllt wird, erleben wir Stress, Unzufriedenheit, Distanz oder emotionale Reaktivität. Kommunikation wird dann zum Kampf –

oder zum Rückzug.

Hier sind fünf der häufigsten emotionalen Grundbedürfnisse:

1. Gesehen und gehört werden

Dieses Bedürfnis ist tief in uns verankert: Wir wollen in unserer Erfahrung wahrgenommen werden. Nicht nur oberflächlich, sondern wirklich. Wenn wir spüren, dass unser Gegenüber sich für unser Inneres interessiert, fühlen wir uns sicher.
Wird dieses Bedürfnis übergangen, erleben wir oft Frust, Rückzug oder Überreaktion – selbst bei scheinbar banalen Themen.

2. Wertschätzung und Anerkennung

Wir alle möchten das Gefühl haben, etwas beizutragen. Bedeutung zu haben. Geschätzt zu werden – nicht nur für unsere Leistung, sondern für unser Sein.
Fehlt diese Wertschätzung, kann sich schnell ein Gefühl von Leere, Minderwert oder Groll einstellen.

3. Zugehörigkeit und Verbindung

Der Mensch ist ein soziales Wesen. Ohne Verbindung verkümmern wir emotional. Dieses Bedürfnis äußert sich in dem Wunsch, Teil von etwas zu sein – einer Partnerschaft, einer Familie, einer Gemeinschaft.
Wenn wir uns ausgegrenzt oder emotional allein fühlen, können tiefe Ängste getriggert werden.

4. Autonomie und Selbstbestimmung

Gleichzeitig wollen wir frei sein. Entscheidungen treffen, unseren Raum gestalten, unser Leben selbst steuern.
Wird dieses Bedürfnis verletzt – z.B. durch Kontrolle, Fremdbestimmung oder ständige Einmischung – entsteht häufig Wut oder Rückzug.

5. Sicherheit und Verlässlichkeit

Ein sicherer Rahmen, emotionale Stabilität, Planbarkeit – all das gibt uns Halt. Wer sich sicher fühlt, kann sich öffnen. Wer das Gefühl hat, auf unsicheren Boden zu stehen, neigt zu Angst,

Überwachung oder Rückzug.

Natürlich gibt es viele weitere Bedürfnisse – nach Ruhe, Struktur, Sinn, Entwicklung, Freude, Leichtigkeit, Berührung, Ehrlichkeit. Doch diese fünf bilden ein stabiles Fundament, auf dem wir viele Konflikte besser verstehen können.

Eine gute Frage an dich selbst lautet also:
Welches meiner Grundbedürfnisse ist gerade nicht erfüllt – und wie wirkt sich das auf mein Kommunikationsverhalten aus?

Was hinter Wut, Rückzug oder Schweigen steckt

Wenn wir ein Bedürfnis nicht ausdrücken (oder es nicht einmal bewusst wahrnehmen), zeigen wir es oft indirekt – über unsere Reaktionen.
Diese Reaktionen sind nicht „falsch", sie sind lediglich Hinweise auf das, was in uns unerfüllt geblieben ist.

Schauen wir uns drei typische Verhaltensweisen an – und was darunter liegen könnte:

1. Wut
Wut ist eine kraftvolle Emotion – oft eine Schutzreaktion. Sie entsteht nicht nur durch Ärger, sondern meist durch eine tieferliegende Enttäuschung oder Ohnmacht.
Wut ist ein Alarm: *„Etwas ist nicht in Ordnung. Etwas wird übergangen."*

Mögliche unerfüllte Bedürfnisse:

- Respekt
- Gerechtigkeit
- Autonomie
- Schutz
- Klarheit

Wenn du wütend bist, frag dich nicht nur: *„Wer hat was falsch gemacht?"*
Sondern: *„Was hätte ich gerade gebraucht – und konnte es nicht sagen?"*

2. Rückzug
Wenn Menschen sich emotional zurückziehen, ist das oft ein Zeichen dafür, dass sie sich nicht sicher oder nicht gesehen fühlen. Der Rückzug schützt vor weiterer Verletzung – aber er verschließt auch den Raum für Kontakt.

Mögliche unerfüllte Bedürfnisse:

- Anerkennung
- Nähe
- Schutz
- Ruhe
- Verständnis

Frage dich: *„Wovor ziehe ich mich gerade zurück? Und wonach sehne ich mich eigentlich?“*

3. Schweigen
Schweigen kann Macht bedeuten – aber oft ist es ein Zeichen von emotionaler Überforderung.
Es zeigt: *„Ich weiß nicht, wie ich es sagen soll. Ich habe keine Worte für das, was ich brauche.“*

Mögliche unerfüllte Bedürfnisse:

- Sprache für Emotionen
- Raum
- Ermutigung
- Sicherheit
- Selbstwirksamkeit

Frage dich: *„Was würde ich sagen, wenn ich mich sicher fühlen würde? Was steckt unter meinem Schweigen?“*

Der Schlüssel liegt darin, deine Reaktionen nicht zu verurteilen, sondern als Spurensucher deiner Bedürfnisse zu nutzen.
So wird aus impulsivem Verhalten ein wertvoller Hinweis: *„Ah, da ist etwas in mir, das gesehen werden will.“*

Gewaltfreie Sprache trainieren

Wenn du erkannt hast, was du brauchst, kommt der nächste Schritt: Lerne, es so auszudrücken, dass dein Gegenüber dich hören kann – ohne sich angegriffen zu fühlen.
Hier ist die gewaltfreie Kommunikation (GFK) nach Marshall B. Rosenberg ein kraftvolles Modell.

GFK basiert auf vier Schritten:

1. Beobachtung statt Bewertung
Was ist konkret passiert – ohne Interpretation?
Beispiel: *„Als du gestern nach dem Essen dein Handy genommen hast…“*

2. Gefühl benennen
Wie fühlst du dich in dieser Situation?
Beispiel: *„…habe ich mich enttäuscht und allein gefühlt…“*

3. Bedürfnis ausdrücken
Welches Bedürfnis war in dem Moment unerfüllt?
Beispiel: *„…weil ich mir Nähe und Aufmerksamkeit gewünscht hätte.“*

4. Bitte formulieren
Was wünschst du dir konkret für die Zukunft?
Beispiel: *„Wärst du bereit, beim nächsten Mal kurz bei mir zu bleiben, bevor du zum Handy greifst?“*

Diese Art der Kommunikation ist klar, ehrlich und verbindend.
Sie ist kein Manipulationswerkzeug, sondern Ausdruck von Selbstverantwortung: *„Ich zeige dir meine Welt – ohne dich zu beschuldigen.“*

Wenn du diese Schritte übst, wirst du merken:

- Deine Gespräche werden klarer

- Dein Gegenüber fühlt sich weniger unter Druck gesetzt
- Konflikte entstehen seltener – und lassen sich schneller klären

Natürlich ist diese Sprache anfangs ungewohnt. Sie braucht Übung. Und sie erfordert Mut – denn du zeigst dich in deiner Verletzlichkeit.
Aber genau darin liegt ihre Kraft: Du sprichst nicht mehr aus Schutz, sondern aus Verbindung.

Impulse zur Reflexion

- Was sind die drei Bedürfnisse, die in deinen Beziehungen am häufigsten zu kurz kommen?
- In welchen Momenten spürst du Reaktionen wie Wut oder Rückzug – und was liegt wirklich darunter?
- Welche Vorwürfe in deinem Leben könntest du in ehrliche Bedürfnisse übersetzen?
- Wie fühlt es sich an, wenn du mit gewaltfreier Sprache sprichst – ungewohnt, kraftvoll, ehrlicher?

Im nächsten Abschnitt lernst du, wie du deine Sprache klärst – nicht nur inhaltlich, sondern auch emotional – und wie du durch Selbstmitgefühl eine innere Grundlage für authentische Kommunikation schaffst.

Selbstmitgefühl als Grundlage

Bevor wir uns anderen zuwenden können – mit echter Offenheit, Geduld und Empathie – brauchen wir eine Verbindung zu uns selbst. Nicht nur zu unseren Gedanken oder Meinungen, sondern zu unserer inneren Welt: den verletzten Teilen, den wütenden, ängstlichen, unsicheren oder hoffnungsvollen Stimmen in uns.

Wenn du lernen willst, klarer zu sprechen, achtsamer zu

reagieren und dich verständlich zu machen, musst du verstehen: Kommunikation beginnt mit Selbstmitgefühl.

Denn wie du mit dir selbst sprichst, beeinflusst unmittelbar, wie du mit anderen sprichst. Wer sich innerlich bekämpft, wird auch im Außen häufiger angreifen. Wer sich selbst nicht zuhört, wird auch andere schwer verstehen. Und wer sich selbst nicht annimmt, wird bei jeder Kritik sofort in die Verteidigung gehen.

In dieser Sektion schauen wir uns drei Schlüsselthemen an:

1. Wie du deine inneren Anteile besser kennenlernst,
2. Warum dein innerer Kritiker oft gegen dein verletztes Kind kämpft,
3. Und wie du den Unterschied erkennst zwischen echter Selbstfürsorge und unbewusster Selbstverteidigung.

Innere Anteile verstehen

Jeder Mensch trägt in sich verschiedene Anteile – emotionale Persönlichkeitsaspekte, die in bestimmten Situationen aktiv werden. Diese Anteile sind keine „Störungen", sondern ganz normale Ausdrucksformen deiner Psyche. Du kannst sie dir vorstellen wie innere Stimmen oder Rollen: Manchmal bist du der Motivator, manchmal das verletzte Kind, manchmal der Perfektionist, manchmal der Zweifler.

Das Modell der Teilearbeit (z. B. aus der systemischen Psychologie oder dem „Inner Family System" nach Richard C. Schwartz) zeigt: Diese inneren Anteile verfolgen oft unterschiedliche Ziele – und geraten deshalb in Konflikt.

Beispiel:

- Ein Anteil in dir möchte Nähe und Verbindung.
- Ein anderer fürchtet Zurückweisung – und sabotiert

jedes Öffnen.

- Ein dritter will stark wirken – und lehnt jede Schwäche ab.

Wenn du diese inneren Dynamiken nicht erkennst, wirst du sie nach außen projizieren – etwa in Gesprächen, die plötzlich eskalieren oder in denen du dich selbst nicht mehr verstehst.

Statt in Kontakt zu gehen, reagieren wir dann mit Rückzug, Aggression oder Resignation. Nicht, weil wir das wirklich wollen – sondern weil ein Teil in uns gerade aktiv ist, der sich schützen will.

Ein Weg zu mehr Selbstmitgefühl beginnt also mit der Frage:

Welcher Anteil ist gerade in mir aktiv – und was will er eigentlich?

Ein paar typische Anteile:

- Das verletzte Kind: fühlt sich schnell überfordert, missverstanden oder beschämt.
- Der Antreiber: will alles perfekt machen, für alle da sein, nie versagen.
- Der Kritiker: kommentiert alles streng, vergleicht, warnt, zweifelt.
- Der Verteidiger: geht schnell in den Kampf – aus Angst, verletzt zu werden.
- Der Verdränger: tut so, als sei alles okay – obwohl es das nicht ist.

Diese inneren Stimmen sind nicht „falsch“. Sie sind entstanden, um dich zu schützen – besonders in früheren Lebensphasen. Das Problem ist nur: Sie agieren oft nach alten Regeln, die heute nicht mehr passen.

Statt diese Anteile zu bekämpfen, kannst du lernen, sie zu erkennen, ihnen zuzuhören – und dich dann bewusst zu entscheiden, wie du reagieren willst.
Das ist innere Reife. Und ein Akt der Selbstachtung.

Der innere Kritiker und das verletzte Kind

Zwei besonders zentrale Anteile, die in der Kommunikation oft mitreden, sind der innere Kritiker und das verletzte Kind.

Der innere Kritiker ist die Stimme in dir, die ständig bewertet, korrigiert, vergleicht, warnt oder abwertet.
Er sagt Sätze wie:

- „Das war wieder nicht gut genug."
- „Du blamierst dich gleich."
- „Kein Wunder, dass dich niemand versteht."
- „Reiß dich zusammen!"

Diese Stimme klingt hart – aber sie will oft nur eines: dich schützen.
Vor Ablehnung. Vor Scham. Vor Verletzlichkeit.

Der Kritiker ist meist in deiner Kindheit entstanden – geprägt durch autoritäre Erziehung, Leistungsdruck oder emotionale Unsicherheit. Wenn ein Kind das Gefühl hat, dass es nur unter Bedingungen geliebt wird, entwickelt es innere Kontrollinstanzen. Der Kritiker soll verhindern, dass du wieder verletzt wirst – notfalls um den Preis der Selbstverleugnung.

Auf der anderen Seite steht das verletzte Kind in dir – jener Anteil, der tief fühlen kann, der Nähe will, aber auch Angst hat. Es ist der Teil, der sagt:

- „Ich will doch nur gesehen werden."
- „Ich bin traurig."
- „Ich fühle mich allein."
- „Ich bin überfordert."

Das verletzte Kind ist nicht schwach. Es ist ehrlich. Es zeigt, was du brauchst.
Doch wenn der Kritiker es unterdrückt, entstehen Konflikte:

innere Spannungen, körperliche Symptome, destruktive Kommunikation nach außen.

Selbstmitgefühl bedeutet, zwischen diesen Stimmen vermitteln zu lernen.
Dem Kritiker sagen: *„Danke, dass du mich schützen willst – aber ich komme jetzt anders für mich auf."*
Und dem Kind sagen: *„Ich sehe dich. Du darfst fühlen. Ich bin da."*

Dieser innere Dialog ist transformierend. Denn wenn du lernst, dich in deinem Inneren zu begleiten, brauchst du nicht mehr, dass andere dich ständig bestätigen oder verstehen.
Du wirst freier. Und friedlicher.

Selbstfürsorge vs. Selbstverteidigung

Viele Menschen verwechseln Selbstfürsorge mit Selbstschutz. Sie sagen „Ich ziehe mich zurück" – aber eigentlich fliehen sie. Sie sagen „Ich grenze mich ab" – aber sie gehen in den Angriff. Sie sagen „Ich sorge für mich" – meinen aber: „Ich lasse niemanden mehr nah an mich ran."

Der Unterschied zwischen Selbstfürsorge und Selbstverteidigung liegt in der Haltung.

Selbstverteidigung ist oft:

- Reaktiv
- Hart
- Kontrolliert
- Von Angst oder Misstrauen getrieben

Selbstfürsorge ist hingegen:

- Bewusst
- Sanft
- Grenzen setzend ohne Aggression
- Von Liebe und Selbstachtung getragen

Ein Beispiel:

Selbstverteidigung: „Ich antworte nicht mehr – der hat es nicht verdient."
Selbstfürsorge: „Ich brauche gerade Abstand, um mich zu sortieren – ich komme später auf dich zu."

Selbstverteidigung: „Ich lasse niemanden mehr an mich ran – dann kann mich auch keiner verletzen."
Selbstfürsorge: „Ich wähle bewusst, wem ich mich öffne – weil ich mir Sicherheit und Respekt wünsche."

Selbstmitgefühl heißt, für dich da zu sein, ohne dich gegen andere stellen zu müssen. Es heißt, deine Grenzen zu wahren, ohne Mauern zu bauen. Es heißt, ehrlich mit dir zu sein, ohne dich kleinzumachen.

Frage dich in schwierigen Momenten:

- Handle ich gerade aus Fürsorge – oder aus Verteidigung?
- Will ich mich schützen – oder mich nähren?
- Will ich mich rächen – oder in Frieden kommen?

Wenn du diesen Unterschied erkennst, kannst du deine Kommunikation verändern – auf eine Weise, die dich schützt, ohne zu trennen.
Denn oft brauchst du nicht Recht, sondern Ruhe.

Impulse zur Reflexion

- Welche inneren Anteile nimmst du in emotionalen Gesprächen besonders stark wahr?
- Was sagt dein innerer Kritiker am häufigsten – und wie könntest du anders mit ihm umgehen?
- Wie spricht dein verletztes inneres Kind – und was würde es sich von dir wünschen?
- In welchen Situationen verwechselst du Selbstschutz mit Fürsorge?

- Was wäre ein mitfühlender, kraftvoller Satz, den du dir selbst sagen könntest?

Im nächsten Kapitel wirst du lernen, diese innere Klarheit nach außen zu bringen – durch eine Sprache, die deine Wahrheit ausdrückt, ohne zu verletzen. Eine Sprache, die ehrlich und empathisch zugleich ist. Denn wer mit sich selbst im Frieden ist, spricht anders – und wird anders gehört.

KAPITEL 4: KLAR SPRECHEN – OHNE ZU VERLETZEN

Die Macht der Worte

Sprache ist nicht neutral. Worte sind nicht bloß Geräusche oder Buchstabenfolgen. Sie formen Wirklichkeit. Sie hinterlassen Spuren. Sie können heilen – oder verletzen. Verbinden – oder trennen.
Und oft ist uns nicht bewusst, wie sehr unsere Sprache nicht nur unsere Beziehung zu anderen, sondern auch unser eigenes Erleben beeinflusst.

Ein Satz wie
„Was ist eigentlich dein Problem?"
fühlt sich ganz anders an als
„Ich merke, dass ich gerade irritiert bin – können wir kurz darüber sprechen?"

Beide sprechen Unzufriedenheit an. Aber nur einer schafft Raum für Beziehung.

Diese Sektion widmet sich genau diesem Aspekt: der bewussten, verbindenden Sprache, die Klarheit ermöglicht – ohne Abwertung. Ehrlichkeit – ohne Härte. Wahrheit – ohne Schuld.

Du lernst:

- Welche Sprachmuster trennen – und welche verbinden,
- Wie du „Du"-Botschaften in klare, ehrliche „Ich"-Botschaften verwandelst,
- Und warum das Vermeiden von Vorwürfen nicht bedeutet, leise zu werden, sondern kraftvoll präsent zu bleiben.

Sprachmuster, die trennen oder verbinden

Die Sprache, mit der wir sprechen, ist oft geprägt von alten Mustern. Von Eltern, Schule, Medien, Gesellschaft. Viele dieser Sprachgewohnheiten sind vermeintlich normal, aber in Wahrheit zutiefst trennend.

Hier einige typische trennende Sprachmuster – und ihre Wirkung:

1. Pauschalisierungen und Verallgemeinerungen

„Du *immer*...“,
„Nie hörst du mir zu...“,
„Ständig machst du...“

Solche Aussagen fühlen sich für den Empfänger wie Angriffe an. Sie lassen keinen Spielraum für Differenzierung – und blockieren sofort jede Bereitschaft zum Dialog.
Sie aktivieren Verteidigung statt Verbindung.

Alternative (verbindend):

„In dem Gespräch vorhin hatte ich das Gefühl, dass du nicht wirklich bei mir warst – das hat mich verletzt.“

„Mir ist aufgefallen, dass wir in letzter Zeit seltener wirklich zuhören, wenn wir sprechen – das fehlt mir.“

2. Schuldzuweisungen

„Du bist der Grund, warum ich mich schlecht fühle.“
„Wegen dir habe ich das alles verloren.“
„Wenn du dich nicht so verhalten würdest, wäre alles besser.“

Solche Sätze machen den anderen verantwortlich für dein inneres Erleben. Sie erzeugen Druck, Scham oder Widerstand – aber niemals echte Nähe.

Alternative (verbindend):

„Ich fühle mich gerade sehr verletzt und hilflos – ich wünsche mir, dass wir gemeinsam schauen, wie wir anders miteinander umgehen können.“

3. Ironie, Sarkasmus, zynische Bemerkungen

Oft genutzt, um Spannung zu entladen – aber selten hilfreich. Sie suggerieren: *„Ich zeige dir nicht, was ich wirklich brauche – ich schütze mich durch Spott."*

Doch Humor auf Kosten anderer schafft Distanz, nicht Verbindung.

Alternative (verbindend):

„Ich merke, dass ich gerade enttäuscht bin – darf ich dir sagen, warum?"

Der erste Schritt ist immer: Wahrnehmen, wie du sprichst.
Sprache ist ein Spiegel deines inneren Zustands. Je klarer du in dir bist, desto klarer und mitfühlender wirst du sprechen.
Und umgekehrt: Je bewusster du deine Sprache wählst, desto mehr gestaltest du dein inneres Erleben mit.

„Du"-Botschaften in „Ich"-Botschaften verwandeln

Ein zentrales Werkzeug in jeder beziehungsorientierten Kommunikation ist die Umwandlung von sogenannten „Du"-Botschaften in „Ich"-Botschaften.

Warum?

Weil „Du"-Botschaften oft als Vorwurf oder Angriff empfunden werden – selbst wenn sie nicht so gemeint sind. Sie stellen den anderen in den Mittelpunkt – meist mit einer negativen Bewertung.

Beispiele für trennende Du-Botschaften:

- „Du hörst nie zu."

- „Du lässt mich immer allein."
- „Du übertreibst total."
- „Du bist so egoistisch."

Die Wirkung: Verteidigung. Rückzug. Gegenangriff. Gesprächsabbruch.

„Ich"-Botschaften hingegen sagen: *„Ich übernehme Verantwortung für mein Gefühl. Ich spreche aus mir heraus. Ich will dich nicht verändern, sondern mich zeigen."*

Das heißt nicht, dass du leiser wirst – im Gegenteil. Du wirst ehrlicher, klarer und echter.

Beispielhafte Transformationen:

Du-Botschaft	**Ich-Botschaft**
„Du bist nie da, wenn ich dich brauche."	„Ich fühle mich allein und unsicher, wenn ich dich nicht erreichen kann."
„Du denkst nur an dich."	„Ich wünsche mir, dass meine Bedürfnisse genauso wichtig sind wie deine."
„Du hörst nicht zu!"	„Ich fühle mich nicht gehört und wünsche mir mehr Aufmerksamkeit."

Eine gute Faustregel:
Wenn du in einem Gespräch einen Satz mit „Du hast…" oder „Du bist…" beginnst, halte inne. Frage dich:

- *Was ist mein Gefühl in diesem Moment?*
- *Welches Bedürfnis ist in mir unerfüllt?*
- *Wie kann ich das in einer Ich-Botschaft ausdrücken?*

Ein hilfreiches Gerüst:

„Wenn [Beobachtung], dann fühle ich mich [Gefühl], weil ich [Bedürfnis] habe. Ich wünsche mir [konkrete Bitte]."

Beispiel:

„Wenn du mitten im Gespräch aufs Handy schaust, fühle ich mich enttäuscht und unwichtig, weil ich mir echte Präsenz wünsche. Ich würde mich freuen, wenn du mir deine volle Aufmerksamkeit schenken könntest."

Das ist kein Trick. Das ist Wahrhaftigkeit in Sprache.
Und das verändert Beziehungen – von innen heraus.

Auf Vorwürfe verzichten lernen

Ein Vorwurf ist eine versteckte Bitte, die nicht als solche formuliert wurde.
Er entsteht oft aus Hilflosigkeit, Schmerz, Enttäuschung – aber kommt als Angriff beim Gegenüber an.

Warum greifen wir zu Vorwürfen?
Weil wir uns nicht gehört fühlen. Weil wir nicht gelernt haben, Bedürfnisse offen zu kommunizieren. Weil wir Angst haben, mit unserer Verletzlichkeit nicht ernst genommen zu werden.

Doch der Preis ist hoch:
Vorwürfe schließen Türen.
Sie lösen Schuldgefühle oder Trotz aus.
Sie zwingen zur Reaktion – aber verhindern echte Begegnung.

Beispiel:

Vorwurf: „Du hättest mich wenigstens mal fragen können, wie es mir geht!"
Dahinter liegendes Bedürfnis: Gesehen werden, Verbindung, Interesse.
Verbindende Alternative:
„Ich merke, dass ich traurig bin, weil ich mir gewünscht hätte, dass du fragst, wie es mir geht. Das hätte mir viel bedeutet."

Natürlich braucht das Übung. Vorwürfe sind oft automatisiert. Doch mit etwas Achtsamkeit kannst du sie transformieren – in ehrliche, kraftvolle Aussagen über dein Innenleben.

Ein paar Schritte zur Umwandlung:

1. Erkenne den Vorwurf (z.B. „Du kümmerst dich nie um

mich.“)

2. Halte kurz inne – nimm dein Gefühl wahr
3. Frage dich: Was wünsche ich mir eigentlich?
4. Formuliere daraus eine Bitte oder Ich-Aussage (z. B. „Ich sehne mich nach Nähe – magst du mir zeigen, dass ich dir wichtig bin?“)

Diese Art zu sprechen ist nicht weichgespült – sie ist radikal ehrlich.
Sie sagt: *„Ich bleibe bei mir. Ich spreche nicht in der Sprache der Anklage – sondern der Verbindung.“*

Und genau das schafft die Grundlage für heilsame Kommunikation.

Worte als Verantwortung

Die Sprache, die du wählst, ist ein Spiegel deiner Haltung – zu dir selbst und zu anderen.

Mit deinen Worten:

- erschaffst du Wirklichkeit
- bestimmst du Nähe oder Distanz
- formulierst du deine Wahrheit – oder versteckst dich hinter Angriff und Schweigen

Worte sind wie Werkzeuge: Du kannst sie nutzen, um zu verletzen – oder um zu verbinden.
Du kannst sie wie Schwerter führen – oder wie Brücken bauen.

Und du hast die Wahl – in jedem Gespräch, jedem Satz, jedem Moment.

Impulse zur Reflexion

- Welche Sätze aus deinem Alltag enthalten häufig Du-Botschaften oder Vorwürfe?
- Wann fühlst du dich selbst schnell angegriffen – und warum?
- In welchen Gesprächen könntest du heute bewusst „Ich“-Botschaften einsetzen?
- Was würde sich verändern, wenn du Sprache als Verantwortung sehen würdest?

Im nächsten Abschnitt erfährst du, wie du Klarheit in deine Aussagen bringst – und dabei gleichzeitig liebevoll Grenzen setzt. Denn Klarheit braucht nicht Härte – sie braucht Mut und Menschlichkeit.

Klarheit statt Verwirrung

Klarheit ist eine Form der Liebe.

Wenn wir mit anderen sprechen, möchten wir verstanden werden. Wir hoffen, dass unsere Gedanken, Gefühle, Wünsche und Grenzen ankommen – klar und unmissverständlich. Doch in der Praxis sieht das oft anders aus:
Wir sprechen in Andeutungen, verpacken Bitten in Erwartungen, vermeiden direkte Aussagen oder verstecken wichtige Botschaften hinter Ironie, Abschweifungen oder Nebensätzen.

Warum?
Weil Klarheit Mut braucht.
Mut, sich zu zeigen. Mut, Verantwortung für das Gesagte zu übernehmen. Mut, eventuell nicht gemocht zu werden.

Doch Klarheit ist befreiend – für beide Seiten. Wer klar spricht, schafft Sicherheit. Wer klar spricht, wirkt souverän. Wer klar spricht, wird ernst genommen.
Unklare Kommunikation führt dagegen zu Missverständnissen, Enttäuschungen und oft zu schleichendem Frust.

In dieser Sektion geht es darum, wie du durch einfache Sprache, konkrete Bitten und wertschätzendes Feedback eine Atmosphäre schaffst, in der du nicht nur verstanden wirst – sondern auch in Verbindung bleibst.

Einfachheit vor Komplexität

Viele glauben, dass sie umso intelligenter oder überzeugender wirken, je komplexer sie sich ausdrücken. Doch genau das Gegenteil ist oft der Fall.

Komplexität verwirrt. Einfachheit klärt.

Ein klarer, direkter Satz hat mehr Kraft als zehn verschachtelte Formulierungen.

Statt:

„Also ich habe jetzt darüber nachgedacht und bin irgendwie zum Schluss gekommen, dass es vielleicht sinnvoll wäre, wenn wir uns eventuell demnächst nochmal unterhalten könnten – falls du Zeit hast."

Sag lieber:

„Ich würde gern nochmal mit dir sprechen. Wann passt es dir?"

Oder statt:

„Ich weiß nicht genau, wie ich das sagen soll, aber es ist halt irgendwie nicht so einfach gewesen in letzter Zeit, was wahrscheinlich auch mit allem zu tun hat, was so passiert ist."

Sag:

„Ich fühle mich gerade überfordert. Können wir kurz darüber reden?"

Einfachheit bedeutet nicht, oberflächlich zu sein.
Sie bedeutet: Du bringst dein Inneres in eine Form, die der andere wirklich verstehen kann.

Gerade in emotional aufgeladenen Gesprächen ist es wichtig,

dass deine Aussagen:

- kurz (ein Gedanke pro Satz),
- verständlich (keine Floskeln oder Andeutungen),
- präsent (in der Gegenwart formuliert),
- und ehrlich sind.

Je klarer du sprichst, desto mehr Raum schaffst du. Du überforderst dein Gegenüber nicht mit Interpretationen, versteckten Botschaften oder emotionalen Rätseln.

Ein einfacher Satz wie:

„Ich bin traurig und brauche Nähe."

...ist oft wirksamer als ein halbstündiger Monolog voller „Eigentlichs", „Vielleichts" und „Könnteseins".

Frage dich vor einer wichtigen Aussage:

- *Was will ich wirklich sagen?*
- *Was ist der Kern meiner Botschaft?*
- *Wie kann ich es so ausdrücken, dass es mein Gegenüber wirklich versteht – auch emotional?*

Klarheit ist nicht nur ein Geschenk für den anderen – sie ist ein Zeichen von innerer Aufgeräumtheit.

Konkrete Bitten statt vager Andeutungen

Einer der häufigsten Kommunikationsfehler – besonders in engen Beziehungen – ist es, etwas zu erwarten, ohne es klar gesagt zu haben.
Wir hoffen, dass der andere *merkt, spürt, ahnt, weiß*, was wir brauchen. Und wenn er es nicht tut, sind wir enttäuscht.

Doch Gedankenlesen funktioniert nicht. Auch nicht in der Liebe.
Wer keine klaren Bitten äußert, bekommt selten das, was er braucht.

Beispiele für vage Kommunikation:

- „Wäre schön, wenn du dich mal wieder mehr einbringen würdest."

- „Immer muss ich alles machen."
- „Na ja, ich hab halt andere Erwartungen."
- „Mach du einfach, wie du denkst."

Diese Aussagen sind entweder unspezifisch, passiv-aggressiv oder ausweichend – und führen meist zu Rückzug oder Missverständnissen.

Konkrete Bitten hingegen sind:

- klar formuliert
- im Hier und Jetzt verankert
- machbar
- frei von Drohung oder Druck

Statt:

„Du könntest auch mal was im Haushalt tun."

Sag:

„Ich wünsche mir, dass du heute Abend die Küche aufräumst. Ist das möglich für dich?"

Statt:

„Ich hab das Gefühl, dir ist das alles egal."

Sag:

„Ich wünsche mir, dass du mir morgen 20 Minuten zuhörst, ohne Handy – ich brauche deine Präsenz."

Eine Bitte ist keine Forderung. Sie lässt dem anderen die Freiheit, Ja oder Nein zu sagen – ohne dass die Beziehung gleich in Frage steht.

Und genau das macht sie so kraftvoll: Sie lädt ein, statt zu manipulieren.

Wenn du dich ertappst, in Andeutungen zu sprechen – frag dich:

- *Was genau wünsche ich mir gerade?*
- *Habe ich das wirklich klar gesagt – oder nur gehofft, dass der andere es versteht?*

Lernen, Bitten zu stellen, heißt: Eigenverantwortung übernehmen für dein Bedürfnis.

Feedback geben, das ankommt

Feedback ist ein zentraler Bestandteil jeder Beziehung – beruflich wie privat. Doch viele Menschen haben gelernt, Feedback mit Kritik zu verwechseln.
Sie beginnen Sätze mit:

„Also ehrlich gesagt…"
„Ich will ja nichts sagen, aber…"
„Ich finde, du solltest mal…"

Und wundern sich dann, warum der andere dichtmacht.

Gutes Feedback hingegen ist:

- konkret
- beobachtend, nicht bewertend
- empathisch
- aus einer Ich-Perspektive formuliert
- auf Entwicklung ausgerichtet, nicht auf Abwertung

Ein Modell für konstruktives Feedback:

1. Beobachtung: Was genau habe ich wahrgenommen?
2. Wirkung: Wie hat es auf mich gewirkt?
3. Wunsch: Was wünsche ich mir zukünftig?

Beispiel:

„Als du gestern im Meeting mehrmals ins Wort gefallen bist, habe ich mich übergangen gefühlt. Ich wünsche mir, dass du mich ausreden lässt, bevor du antwortest."

Oder:

„Mir ist aufgefallen, dass du in letzter Zeit oft spät nach Hause kommst. Ich merke, dass mich das verunsichert. Ich würde mich wohler fühlen, wenn wir das kurz abstimmen könnten."

Gutes Feedback beginnt nicht mit dem Fingerzeig, sondern mit

Selbstoffenbarung.
Es macht das Gespräch nicht zu einer Gerichtsverhandlung, sondern zu einem gemeinsamen Wachstumsraum.

Und: Feedback darf wertschätzend und positiv sein.
Oft vergessen wir, zu sagen, was wir gut finden. Dabei ist ehrliches, anerkennendes Feedback ein Beziehungs-Booster.

Zum Beispiel:

„Ich habe gemerkt, wie ruhig du gestern geblieben bist, obwohl es stressig war – das hat mir imponiert."

„Danke, dass du heute wirklich zugehört hast. Das war mir sehr wichtig."

Der Effekt solcher Worte ist enorm. Sie machen sichtbar, was gut läuft. Sie stärken Beziehung. Und sie zeigen: Kommunikation ist keine Reparaturwerkstatt – sondern auch ein Ort für Verbindung und Dankbarkeit.

Klarheit braucht Mut – und Nähe

Klar zu sprechen bedeutet, sich zuzumuten. Nicht als Angriff, sondern als Einladung.
Es bedeutet, Verantwortung zu übernehmen – für deine Wahrnehmung, deine Wünsche, deine Sprache.

Klarheit ist unbequem – aber heilsam.
Sie verhindert, dass sich Frust aufbaut.
Sie schützt dich vor innerer Überanpassung.
Und sie macht es anderen leichter, dich wirklich zu sehen.

Wenn du beginnst, einfacher, konkreter, ehrlicher und klarer zu sprechen, wirst du erleben:

- Gespräche werden kürzer, aber tiefer
- Missverständnisse nehmen ab
- Beziehungen fühlen sich echter an

Denn Klarheit ist keine Härte.
Klarheit ist Fürsorge.

Für dich – und für den Menschen, mit dem du sprichst.

Impulse zur Reflexion

- In welchen Situationen neigst du dazu, dich kompliziert auszudrücken?
- Wann hast du zuletzt auf eine konkrete Bitte verzichtet – und warum?
- Wie gibst du Feedback – eher kritisch oder konstruktiv?
- Was würde sich verändern, wenn du deine Sprache konsequent vereinfachst?

Im nächsten Abschnitt lernst du, wie du Grenzen setzen kannst, ohne zu verletzen – mit Worten, die nicht trennen, sondern schützen. Denn Klarheit ist auch ein Ausdruck von Selbstrespekt.

Grenzen setzen mit Herz

Viele Menschen haben Angst davor, Grenzen zu setzen. Sie befürchten, egoistisch zu wirken, zurückgewiesen zu werden oder Beziehungen zu gefährden. Dabei sind klare, liebevoll kommunizierte Grenzen nicht das Ende von Verbindung – sondern ihre Voraussetzung.

Grenzen geben Orientierung. Sie sagen: Hier bin ich. Das ist mein Raum. Hier fühle ich mich wohl, da wird es eng. Sie definieren unsere Integrität – das, was uns ausmacht und was uns schützt. Und sie erlauben es anderen, uns überhaupt erst wirklich kennenzulernen. Denn wer keine Grenze hat, ist nicht greifbar. Wer immer „Ja“ sagt, obwohl er „Nein“ meint, ist nicht ehrlich. Und wer sich selbst dauernd übergeht, kann auf Dauer auch andere nicht respektvoll lieben.

Grenzen setzen heißt nicht, Mauern zu bauen. Es heißt auch

nicht, starr, unnahbar oder kühl zu werden. Es bedeutet, aus einer inneren Klarheit heraus für sich selbst einzustehen – auf eine Weise, die nicht spaltet, sondern aufrichtet. Eine Grenze, die aus Selbstrespekt gesetzt wird, wirkt anders als eine, die aus Trotz oder Wut kommt. Und genau hier beginnt das, was wir in diesem Abschnitt gemeinsam erforschen wollen: Wie du Grenzen mit Herz setzen kannst.

Der erste Schritt ist, zu erkennen, dass du überhaupt ein Recht auf Grenzen hast. Viele Menschen sind so sehr daran gewöhnt, sich anzupassen, zu gefallen oder durchzuhalten, dass sie ihre eigenen Bedürfnisse nicht mehr spüren. Sie spüren nur das Unbehagen – die Erschöpfung, die Gereiztheit, die leise Wut. Doch statt daraus eine Grenze zu formulieren, versuchen sie oft weiter, zu funktionieren. Und wundern sich, warum sie irgendwann innerlich zusammenbrechen oder plötzlich laut werden.

Nein zu sagen ist ein Akt der Selbstfürsorge. Es bedeutet, dich selbst ernst zu nehmen – nicht gegen andere, sondern für dich. Es heißt, dich nicht aus Erschöpfung oder Angst zu erklären, sondern weil du weißt, dass dein Raum, deine Energie und deine Bedürfnisse genauso viel Wert haben wie die der anderen.

Das Problem ist: Viele haben gelernt, dass ein „Nein“ mit Schuld verbunden ist. Sie sagen Ja, weil sie glauben, sie müssten. Weil sie Angst haben, dass sie sonst ungeliebt, faul oder egoistisch wirken. Diese Angst kommt nicht aus dem Hier und Jetzt, sondern meist aus der Kindheit. Wenn du früh erfahren hast, dass deine Bedürfnisse nicht willkommen waren – oder dass du Liebe durch Anpassung bekommen hast –, dann ist ein klares Nein später oft mit einem inneren Alarmsignal verknüpft. Als ob du etwas Verbotenes tust. Als ob du den anderen damit verletzt oder enttäuschst.

Aber das Gegenteil ist der Fall: Wenn du dich ehrlich abgrenzt, gibst du dem anderen Orientierung. Du sagst: Das bin ich. Das kann ich geben – und das nicht. Es entsteht Verlässlichkeit. Vertrauen. Klarheit. Und vor allem: Authentizität.

Ein Nein ist also nicht das Ende von Beziehung, sondern oft ihr Beginn. Denn nur, wenn du dich zeigen kannst – mit deinen Grenzen –, kann echte Verbindung entstehen. Alles andere ist Fassade oder Rolle. Und das macht auf Dauer krank.

Es ist wichtig zu verstehen, dass ein Nein nicht hart oder kalt klingen muss. Es darf weich, ehrlich und freundlich sein. Du kannst Nein sagen und gleichzeitig Verbindung halten. Der Ton macht dabei viel aus. Es hilft, wenn du beim Nein sagen in deinem Körper bleibst, bei deinem Herzen, nicht im Angriff oder in der Verteidigung. Ein liebevolles Nein ist viel wirksamer als ein stummes Ja.

Stell dir vor, jemand bittet dich um etwas, das du heute nicht leisten kannst. Du spürst einen inneren Druck – du möchtest nicht enttäuschen. Und doch sagt etwas in dir ganz deutlich: Es geht gerade nicht. Statt zu sagen: „Tut mir leid, ich kann nicht, aber vielleicht morgen oder nächste Woche oder…“, könntest du sagen: „Ich verstehe, dass dir das wichtig ist. Und gleichzeitig merke ich, dass ich gerade nicht die Kraft habe, dir das zu geben. Ich hoffe, das kannst du verstehen.“ Du sagst Nein – aber du bleibst verbunden. Du siehst den anderen, du wertschätzt ihn – und bleibst bei dir.

So eine Kommunikation braucht Übung. Aber sie ist lernbar. Und sie führt dazu, dass Menschen dich nicht weniger, sondern mehr respektieren. Weil sie spüren, dass du echt bist. Weil sie wissen: Wenn du Ja sagst, meinst du es. Und wenn du Nein sagst, hat es einen Grund – nicht Ablehnung, sondern Selbstachtung.

Grenzen setzen bedeutet also nicht, hart zu werden – sondern weich zu bleiben, ohne dich zu verlieren.

Ein weiterer wichtiger Aspekt ist die Erkenntnis, dass gesunde Abgrenzung keine Trennung ist – sondern eine Beziehungsstärkung. In einer gesunden Beziehung darf jeder Mensch seinen Raum haben. Es darf Nähe geben – aber auch Distanz. Es darf unterschiedliche Meinungen geben, unterschiedliche Rhythmen, Bedürfnisse, Empfindlichkeiten.

Wenn du lernst, das auszusprechen, entsteht Tiefe. Stell dir

eine Beziehung vor, in der du sagen kannst: „Ich liebe unsere Gespräche, aber ich merke, dass ich manchmal Rückzug brauche. Das hat nichts mit dir zu tun, sondern mit meinem eigenen Tempo."
Oder: „Ich freue mich über deine Spontaneität, aber ich brauche oft etwas mehr Vorlauf, um mich auf etwas einzulassen."

Solche Sätze stärken die Beziehung. Weil sie zeigen: Ich nehme mich selbst ernst – und dich auch. Ich übernehme Verantwortung für mein Wohlbefinden, statt dich dafür verantwortlich zu machen.

Schwieriger wird es, wenn dein Gegenüber deine Grenzen nicht akzeptieren kann oder will. Wenn auf ein Nein ein beleidigtes Schweigen folgt. Oder Vorwürfe. Oder Druck. Hier ist es entscheidend, dass du bei deiner Grenze bleibst – ohne in den Kampf zu gehen. Du darfst traurig sein, enttäuscht, verunsichert. Aber du darfst auch klar sein.

Grenzen setzen ist keine Frage der Durchsetzung, sondern der inneren Klarheit. Wenn du innerlich überzeugt bist, dass deine Grenze richtig und nötig ist, wirst du sie anders aussprechen – ruhiger, klarer, gelassener.

Und manchmal gehört zur Selbstfürsorge auch, dich von Menschen zu distanzieren, die deine Grenzen wiederholt überschreiten. Das ist kein Zeichen von Schwäche – sondern von Reife. Du darfst dich schützen. Du musst dich nicht beweisen.

Die dritte Dimension des Grenzensetzens betrifft die feine Balance zwischen Offenheit und Schutz. Gerade sensible Menschen, empathische Menschen, geraten oft in den Zwiespalt: Sie wollen offen sein – und merken zugleich, wie verletzlich sie sich dadurch machen.

Der Schlüssel liegt nicht darin, dich zu verschließen – sondern darin, bewusst zu entscheiden, wie viel du zeigen willst. Es geht nicht um Abschottung, sondern um achtsame Offenheit.

Du darfst dich zeigen – mit deinen Gefühlen, Gedanken, Bedürfnissen. Und du darfst dir gleichzeitig die Freiheit nehmen, dich in Momenten zu schützen, in denen dir das Gegenüber nicht gut tut, oder du innerlich noch nicht bereit bist, dich zu öffnen.

Ein gesunder Umgang mit Offenheit bedeutet: Du hörst auf dein Gefühl. Du gehst in Kontakt, wenn du willst – und ziehst dich zurück, wenn du musst. Du wählst bewusst. Und du erlaubst dir, auf dich zu achten, ohne dich dafür zu entschuldigen.

Denn nur in einem Raum, in dem Offenheit und Schutz gleichberechtigt nebeneinander stehen dürfen, entsteht echte Nähe. Nähe, die nicht überfordert. Nähe, die atmet.

Grenzen setzen mit Herz heißt also:
Ich bin da – für mich und für dich.
Ich sage Ja – wenn es aus meinem Inneren kommt.
Ich sage Nein – ohne Schuld.
Ich kommuniziere klar – ohne hart zu sein.
Ich achte mich – und damit auch dich.

So wird Sprache zur Brücke. So wird Kommunikation ein Weg in die Freiheit.

Im nächsten Kapitel wirst du erfahren, wie du durch emotionale Intelligenz Gespräche führen kannst, die nicht nur Konflikte entschärfen, sondern auch dein inneres Gleichgewicht bewahren – auch dann, wenn es schwierig wird.

KAPITEL 5: EMOTIONALE INTELLIGENZ – WIE DU MIT GEFÜHL FÜHRST

Gefühle verstehen und lenken

Gefühle gehören zu unserem Menschsein wie die Luft zum Atmen. Sie sind unsere inneren Wegweiser, unsere Energiequellen, unsere Alarmsignale. Und doch – oder gerade deshalb – machen sie uns oft auch Angst. Sie überfordern, überraschen, lähmen oder treiben uns an Orte, die wir nicht kontrollieren können.
In der Kommunikation sind sie oft der Elefant im Raum: präsent, kraftvoll, unausgesprochen. Wir reden über Sachliches, während unsere Emotionen das Gespräch längst lenken. Oder wir explodieren, ohne zu verstehen, warum – und bereuen danach jedes Wort.

Emotionale Intelligenz beginnt dort, wo wir aufhören, Gefühle als Störung zu sehen – und anfangen, sie als Information zu begreifen.
Sie zeigt sich nicht darin, dass wir immer „ruhig" bleiben, sondern darin, dass wir mit unseren Gefühlen bewusst umgehen, statt von ihnen überwältigt zu werden.
Und sie ist ein zentrales Werkzeug für gute Kommunikation. Denn wer sich selbst innerlich halten kann, kann auch andere besser erreichen.

In dieser Sektion geht es darum, wie du den inneren Raum entwickelst, um mit deinen Emotionen so umzugehen, dass sie dir nicht im Weg stehen, sondern dich unterstützen – in Gesprächen, in Beziehungen, im Alltag.
Du wirst erfahren, wie du deine Gefühle besser verstehst, wie du zwischen Impuls und Antwort einen bewussten Raum schaffst – und wie du mit Eskalationen umgehst, ohne dich selbst zu

verlieren.

Emotionale Selbstregulation üben

Selbstregulation ist keine Unterdrückung. Es geht nicht darum, deine Gefühle wegzudrücken oder zu kontrollieren. Im Gegenteil: Wer Emotionen ignoriert, lebt gefährlich. Sie kommen zurück – in Körpersymptomen, in Stimmungsschwankungen, in scheinbar „übertriebenen“ Reaktionen.
Selbstregulation heißt: Ich nehme wahr, was in mir passiert – und ich bleibe handlungsfähig. Ich lasse das Gefühl da sein, aber ich bin nicht sein Gefangener. Ich darf traurig, wütend, verletzt oder aufgewühlt sein – und trotzdem bewusst entscheiden, wie ich handle.

Dazu gehört vor allem, den Moment zwischen Reiz und Reaktion zu erkennen. Wenn dich jemand angreift, kritisiert oder triggert, gibt es einen Bruchteil einer Sekunde, in dem du eine Wahl hast. Die meisten Menschen erleben diesen Moment nicht bewusst – sie „reagieren“ sofort: mit Verteidigung, Gegenangriff, Rückzug oder Sarkasmus.
Selbstregulation bedeutet, genau dort innezuhalten. Einzuatmen. Zu spüren: *Was ist da gerade in mir los?* Nicht bewerten – nur spüren. Und dann erst zu sprechen.

Das ist kein Zeichen von Schwäche, sondern von Souveränität. Es zeigt, dass du dich selbst führen kannst – dass du dir vertraust. Denn wenn du dich innerlich nicht halten kannst, wird deine Kommunikation immer davon geprägt sein, dich zu schützen. Aber wenn du dich halten kannst, kannst du anfangen, dich zu zeigen. Das ist der Unterschied zwischen Reaktion und Antwort.

Der Unterschied zwischen Reaktion und Antwort

Reaktion ist reflexhaft. Sie entsteht oft aus einem verletzten Anteil in uns – einem Kind, das sich bedroht fühlt, einem Teenager, der rebellieren will, einem Erwachsenen, der um

Kontrolle kämpft.
Reaktionen fühlen sich dringend an. Man will etwas „richtigstellen“, etwas verteidigen, sich durchsetzen oder flüchten. Oft ist man hinterher erschöpft oder beschämt, weil man gespürt hat: *Das war nicht wirklich ich. Das war mein Überlebensmodus.*

Antwort hingegen ist bewusst. Sie ist nicht weniger ehrlich – aber sie ist ruhiger, klarer, zentrierter. Sie kommt aus einem reifen inneren Ort. Aus einem Anteil, der nicht kämpft, sondern verbindet.
Eine Antwort entsteht, wenn du dir Zeit nimmst, bevor du sprichst. Sie ist oft kürzer, aber wirkungsvoller. Und sie schafft Raum – statt Druck.

Ein einfaches Beispiel:
Jemand sagt dir: „Du hast schon wieder nicht zugehört – das ist so typisch für dich!“
Eine Reaktion könnte sein: „Hör auf, immer so übertrieben zu sein! Ich hab sehr wohl zugehört, du spinnst einfach nur rum!“
Eine Antwort könnte lauten: „Ich merke, dass dich das gerade sehr aufwühlt. Lass uns kurz atmen – ich bin bereit zuzuhören, wenn du mir sagst, worum es dir wirklich geht.“

Der Unterschied ist enorm – nicht nur für das Gespräch, sondern auch für dein eigenes emotionales Gleichgewicht.
Wenn du lernst, zu antworten statt zu reagieren, fühlst du dich nicht mehr so ausgeliefert. Du wirst freier. Und du wirst auch für andere zum emotionalen Anker – einfach, weil du nicht sofort mit in den Sturm steigst.

Umgang mit emotionalen Eskalationen

Und doch: Es wird Momente geben, in denen deine Gefühle dich überrollen. In denen du nicht schnell genug innehältst. In denen ein Wort das andere ergibt – und du dich wiederfindest in einem Streit, in einem Tränenausbruch, in einem Moment, der außer Kontrolle geraten ist.

Das ist menschlich. Und es ist kein Zeichen von Scheitern, sondern

von Lebendigkeit. Wichtig ist nur, was du danach damit machst. Eskalationen sind wie Gewitter: Sie können klären – oder zerstören.
Manchmal braucht es die Entladung. Aber danach braucht es auch die Reflexion.

Wenn du merkst, dass du in einer Situation eskaliert bist – sei es durch Lautwerden, durch Rückzug oder durch emotionale Überforderung – nimm dir Zeit, dich zu sortieren. Geh nicht sofort in die Bewertung. Frag dich:

- *Was war der Moment, an dem ich innerlich „verloren" ging?*
- *Welche Emotion war da – und welches Bedürfnis lag darunter?*
- *Was hätte ich in dem Moment gebraucht, um ruhiger zu bleiben?*

Diese Fragen sind kein Vorwurf an dich. Sie sind ein Angebot an dich selbst, dich besser kennenzulernen.
Und sie helfen dir, beim nächsten Mal früher zu merken, wenn deine Emotionen hochkochen.

Ein weiterer wichtiger Aspekt im Umgang mit Eskalationen ist das Nachgespräch. Viele Beziehungen zerbrechen nicht am Streit – sondern an dem Schweigen danach. An der Scham, der Unklarheit, der fehlenden Aufarbeitung.
Wenn du es schaffst, nach einer Eskalation das Gespräch zu suchen – mit dir selbst und mit dem anderen –, entsteht Tiefe. Nähe. Verlässlichkeit.
Nicht durch Perfektion, sondern durch die Bereitschaft, aus dem, was passiert ist, Lernen zu machen – statt Schuldzuweisung.

Du kannst sagen: „Ich war gestern überfordert. Ich bin lauter geworden, als ich wollte. Das tut mir leid. Ich habe verstanden, dass ich mich hilflos gefühlt habe – und ich will lernen, anders damit umzugehen."
So ein Satz verändert alles. Er macht nicht rückgängig, was war – aber er öffnet die Tür zur Heilung. Und zur Entwicklung.

Denn genau darum geht es bei emotionaler Intelligenz: nicht

darum, nie wieder aus der Rolle zu fallen. Sondern darum, dich selbst immer besser zu verstehen – und dich liebevoll wieder einzusammeln, wenn du dich verlierst.

Es ist ein innerer Weg. Ein Weg der Achtsamkeit, der Ehrlichkeit, der Geduld mit dir selbst. Und ein Weg, der sich lohnt.
Denn wer seine Gefühle kennt, muss sie nicht länger bekämpfen.
Wer sie halten kann, wird nicht mehr so schnell überrollt.
Und wer sie in Worte fassen kann, erschafft Nähe – selbst in schwierigen Momenten.

Emotionale Intelligenz ist nicht das Ziel – sie ist die Praxis. Jeden Tag, in jedem Gespräch, mit jedem Impuls.
Und sie beginnt mit einem einzigen Satz:
„Was fühle ich gerade – und wie kann ich mich so ausdrücken, dass ich gehört werde, ohne zu verletzen?“

Im nächsten Abschnitt lernst du, wie du die emotionale Ebene in Gesprächen nutzen kannst, um empathisch zu führen, Konflikte zu entschärfen und auch in angespannten Situationen in Verbindung zu bleiben – mit dir selbst und mit anderen.

Der emotionale Tonfall in Gesprächen

Manchmal ist es nicht das *Was*, das uns trifft – sondern das *Wie*. Ein einziger Satz kann auf zwei völlig verschiedene Weisen ausgesprochen werden: einmal beruhigend, einladend, verbindend. Und ein anderes Mal schneidend, kalt, scharf. Dabei bleiben die Worte identisch – doch der Tonfall macht den Unterschied.

In der Kommunikation liegt die wahre Wirkung oft nicht im Inhalt, sondern in der Art und Weise, wie dieser vermittelt wird.

Unsere Stimme ist dabei weit mehr als ein Träger von Sprache. Sie ist ein emotionaler Kanal, ein Resonanzfeld, ein unbewusstes Signal. Sie verrät, wie wir uns fühlen – auch wenn wir das Gegenteil behaupten. Und sie entscheidet darüber, ob wir gehört oder nur registriert werden, ob wir Vertrauen aufbauen oder Distanz erzeugen.

Diese Sektion widmet sich der „unsichtbaren" Seite der Sprache: der Tonalität. Du wirst erfahren, wie sehr dein emotionaler Zustand deine Stimme prägt, wie schnell Missverständnisse entstehen können, wenn Tonfall und Inhalt nicht übereinstimmen – und wie du deine Stimme gezielt einsetzen kannst, um authentisch, klar und verbindend zu wirken.

Was deine Stimme über dich verrät

Jeder Mensch besitzt eine einzigartige stimmliche Signatur. Sie ist geprägt durch Physiologie, Erfahrung, Prägung und Emotion. Doch jenseits von Stimmhöhe, Lautstärke oder Aussprache verrät unsere Stimme oft mehr über unseren inneren Zustand als uns lieb ist.

Wenn du wütend bist, wird deine Stimme oft höher, gepresster, schärfer.
Wenn du unsicher bist, wird sie leiser, zögernder, manchmal brüchig.
Wenn du dich entspannt fühlst, klingt sie weicher, runder, resonanter.

Diese Veränderungen sind nicht nur akustisch, sondern auch emotional spürbar. Menschen hören nicht nur, was du sagst – sie spüren, ob du bei dir bist, ob du ehrlich bist, ob du innerlich stabil bist.
Und das geschieht in Sekundenbruchteilen, unbewusst, intuitiv. Wir sind als soziale Wesen hochsensibel für den emotionalen Unterton in der Stimme – ob wir wollen oder nicht.

Das bedeutet: Selbst wenn du sachlich klingende Worte sprichst – wie etwa: „Es ist in Ordnung" oder „Alles gut" – merkt dein

Gegenüber sofort, wenn etwas *nicht* in Ordnung ist. Wenn der Satz zwar nach außen beschwichtigend wirkt, aber in Wahrheit Ärger, Resignation oder Schmerz mitschwingt, wird der Tonfall entlarvend. Und das erzeugt Verwirrung oder sogar Misstrauen.

Wer also wirkungsvoll kommunizieren will, muss lernen, seinen emotionalen Zustand bewusst wahrzunehmen, bevor er spricht. Denn deine Stimme trägt deinen inneren Zustand nach außen – ob du das willst oder nicht.

Ein Gespräch beginnt nicht mit dem ersten Wort – sondern mit dem inneren Raum, aus dem heraus du sprichst.
Die Stimme ist das Tor zu diesem Raum.

Wie Tonalität Missverständnisse schafft

Hast du schon einmal erlebt, dass ein neutral gemeinter Satz wie: „Kannst du mir bitte helfen?" falsch verstanden wurde – etwa als Forderung, als genervt, als kontrollierend?

Oft ist es nicht der Satz selbst, sondern der Unterton, der Irritation auslöst.
Wenn Tonfall und Inhalt nicht kongruent sind – also nicht zueinander passen – entsteht ein sogenanntes paradoxes Signal. Das bedeutet: Der Empfänger erhält zwei unterschiedliche Botschaften – eine über den Inhalt, eine über die Stimme. Und in fast allen Fällen wird er der Stimme mehr glauben als den Worten.

Denn Stimme gilt als ehrlichere Quelle. Der Inhalt kann bewusst kontrolliert werden – aber der Tonfall verrät die Wahrheit über unsere Gefühle.
So kann eine scheinbar nette Frage wie „Wie geht's dir?" kühl oder sogar übergriffig klingen – je nachdem, wie sie ausgesprochen wird.
Ein „Ist schon okay" kann entweder wirklich beruhigend wirken – oder passiv-aggressiv, verletzend, herablassend.

Gerade in engen Beziehungen oder im Arbeitsumfeld entstehen viele Konflikte nicht durch unterschiedliche Meinungen, sondern durch Tonalitätsbrüche. Der eine fühlt sich angegriffen, obwohl der andere sich „ganz normal“ ausdrückt. Warum? Weil der Tonfall etwas mitschwingen ließ, das nicht zum Inhalt passte: Ungeduld, Kritik, Überheblichkeit, Druck.

Und hier liegt eine große Chance – und eine große Verantwortung. Wenn du lernst, deinen Tonfall bewusst zu gestalten, kannst du Missverständnisse aktiv vermeiden.
Du kannst ein Nein so aussprechen, dass es weich klingt.
Du kannst Kritik formulieren, ohne verletzend zu wirken.
Du kannst in stressigen Situationen beruhigend wirken, obwohl du eine klare Position vertrittst.

Tonalität ist wie die Verpackung deiner Botschaft.
Und je achtsamer du sie wählst, desto eher wird deine Botschaft auch wirklich gehört – nicht nur mit dem Kopf, sondern mit dem Herzen.

Stimme bewusst und empathisch einsetzen

Die gute Nachricht ist: Deine Stimme ist trainierbar. Du musst kein Schauspieler oder Redner sein, um sie bewusster zu nutzen. Was es braucht, ist Verbindung zu dir selbst und die Bereitschaft, deinen stimmlichen Ausdruck als Teil deiner Gesamtkommunikation zu sehen.

Der erste Schritt ist, deine eigene Stimme bewusst wahrzunehmen. Viele Menschen kennen ihre eigene Stimme nur vom Sprechen – nicht vom Hören. Aber wie du klingst, wenn du sprichst, ist ein Spiegel deiner inneren Haltung.

Versuch einmal, dich selbst beim Sprechen aufzunehmen – zum Beispiel, wenn du einem Freund eine Sprachnachricht schickst oder ein Thema erklärst. Und hör dann ganz bewusst hin:

Klingst du angespannt oder frei?
Hast du Atempausen – oder sprichst du hektisch?
Ist dein Ton verbindend oder abgrenzend?
Klingst du monoton, oder gibt es natürliche Melodie?

Diese Selbstwahrnehmung ist der Anfang. Wenn du deine Stimme besser kennenlernst, wirst du auch bemerken, wann du aus dem Gleichgewicht gerätst. Du wirst merken, wann deine Stimme hart wird – oft lange bevor du es selbst bewusst realisierst. Und du kannst gegensteuern.

Die Stimme reagiert stark auf Atmung und Körperhaltung. Wenn du flach atmest oder angespannt bist, wird deine Stimme gepresst, eng, ungeduldig.
Wenn du tief atmest, den Kiefer locker lässt, mit dem Bauch sprichst statt nur mit dem Hals, wird deine Stimme tragfähiger, weicher, ruhiger.

Gerade in schwierigen Gesprächen kannst du mit der Stimme viel steuern. Du kannst bewusst leiser sprechen, um Spannung herauszunehmen. Du kannst langsamer werden, um Raum für Reflexion zu geben. Du kannst Pausen zulassen – nicht als leere Zeit, sondern als Signal von Präsenz.

Und du kannst durch deine Tonalität zeigen: *Ich bin da. Ich höre dich. Ich bin offen. Ich will nicht gewinnen – ich will verstehen.*

Das ist besonders wichtig, wenn dein Gegenüber emotional aufgebracht ist. Statt zu spiegeln oder zu argumentieren, kannst du allein durch deinen Tonfall Sicherheit geben. Du brauchst dann gar nicht viel zu sagen – deine Stimme kann zur Haltefläche werden für die Gefühle des anderen. Und das allein reicht oft aus, um ein Gespräch zu deeskalieren.

Denn Stimme ist nicht nur Sprache – sie ist Beziehung.

Wenn wir über empathische Kommunikation sprechen, sprechen wir also immer auch über stimmliche Präsenz. Über die Fähigkeit, nicht nur das Richtige zu sagen – sondern es auf eine Weise zu sagen, die ankommt. Nicht nur mit dem Verstand, sondern mit dem Herzen.

Eine liebevolle Stimme kann trösten, ohne Worte.
Eine klare Stimme kann führen, ohne zu dominieren.
Eine ruhige Stimme kann entschärfen, ohne zu verharmlosen.
Und eine warme Stimme kann Verbindung schaffen, auch wenn

man sich nicht einig ist.

Das ist emotionale Intelligenz auf stimmlicher Ebene.
Nicht, was du sagst, zählt allein – sondern wie du es sagst.

Im nächsten Abschnitt wirst du lernen, wie du deine empathischen Fähigkeiten im Gespräch mit anderen gezielt einsetzen kannst – um Nähe herzustellen, Konflikte zu lösen und Vertrauen auch in angespannten Situationen aufzubauen.

Konflikte achtsam deeskalieren

Konflikte gehören zum Leben. Sie sind unvermeidbar, manchmal schmerzhaft – aber auch Chancen. Chancen, zu wachsen, einander wirklich zu sehen, blinde Flecken zu erkennen und Grenzen zu klären.
Doch ob ein Konflikt zur Eskalation oder zur Entwicklung führt, hängt maßgeblich davon ab, wie wir damit umgehen. Die meisten Eskalationen sind nicht das Ergebnis eines einzigen „falschen" Satzes, sondern die Summe von Überforderung, Missverständnissen, innerer Anspannung – und einer fehlenden Bewusstheit für den Moment, an dem es kippt.

Der Wunsch, Konflikte zu vermeiden, ist nachvollziehbar – aber nicht hilfreich. Denn Konfliktvermeidung ist selten wirklich friedlich. Oft führt sie nur zu einer Verschiebung oder einem inneren Rückzug.
Wirklich achtsamer Umgang mit Konflikten bedeutet nicht, alles „ruhig" zu halten, sondern mit innerer Klarheit und Präsenz die aufkommende Spannung wahrzunehmen, rechtzeitig gegenzusteuern und bewusst so zu sprechen, dass Verbindung möglich bleibt – auch bei Meinungsverschiedenheiten.

In dieser Sektion geht es darum, wie du Konflikte früh erkennst, wie du durch Pausen rettende Räume schaffst und wie du mit einer Sprache sprichst, die nicht eskaliert, sondern beruhigt – ohne dich selbst dabei zu verleugnen.

Frühwarnzeichen erkennen

Konflikte bahnen sich selten plötzlich und ohne Vorzeichen an. Fast immer gibt es subtile Hinweise – innere und äußere – die signalisieren, dass etwas kippt.
Das Problem ist: Wir übergehen diese Signale oft. Aus Gewohnheit, aus Überforderung, aus dem Versuch, „funktional" zu bleiben. Wir merken vielleicht, dass wir angespannter werden, schneller atmen, innerlich abschweifen oder anfangen,

zu bewerten – doch wir ignorieren es. Und genau dort beginnt der Teufelskreis.

Die erste Fähigkeit in der Deeskalation ist daher: Hinsehen. Hinhören. Spüren.

Frühwarnzeichen können sich unterschiedlich zeigen. In dir selbst etwa durch ein inneres „Zuklappen“, das Gefühl, nicht mehr präsent zu sein, der Wunsch, das Gespräch zu beenden, oder der Drang, lauter zu werden. Vielleicht auch durch Gedanken wie: *„Das bringt doch eh nichts“, „Jetzt reicht's mir“* oder *„Der andere versteht mich sowieso nicht.“*

Bei deinem Gegenüber könnten es erste Körpersignale sein: ein plötzlicher starrer Blick, ungeduldige Bewegungen, abwehrende Körperhaltung, unterdrückte Geräusche wie ein Seufzen, ein sarkastisches Lächeln oder ein gereizter Unterton.
Diese Mikro-Signale sind wie rote Ampeln – sie zeigen dir, dass das Gespräch einen anderen Kurs braucht, wenn es nicht aus dem Ruder laufen soll.

Achtsame Kommunikation beginnt hier: Nicht erst, wenn es laut wird. Sondern genau an der Schwelle zwischen Spannung und Eskalation.
Wenn du lernst, dich in diesen Momenten innerlich zurückzulehnen – nicht körperlich, sondern emotional – entsteht ein Raum, in dem du wieder handlungsfähig wirst.

Statt automatisch zu reagieren, kannst du innerlich sagen: *„Okay, hier ist ein Punkt erreicht, an dem es kippen könnte. Ich bleibe präsent. Ich atme.“*
Allein dieser Schritt verhindert oft schon, dass du in einen Tunnel gerätst, aus dem du später kaum wieder herausfindest.

Gesprächspausen als Rettungsanker

Wenn sich ein Gespräch aufheizt, ist oft die größte Gefahr, dass beide Seiten in eine Dynamik geraten, in der nur noch reagiert wird – schneller, lauter, härter.

In solchen Momenten ist es keine Schwäche, das Gespräch zu unterbrechen – im Gegenteil: Es ist eine Form von Führung. Es zeigt, dass du bereit bist, Verantwortung zu übernehmen – nicht nur für dich, sondern auch für die Beziehung.

Eine Gesprächspause bedeutet nicht, alles abzubrechen. Sie ist kein Fluchtversuch, sondern ein bewusster Schritt zur Emotionsregulation.
Sie sagt: *„Ich will nicht gegen dich sprechen. Ich will mit dir sprechen – aber dafür brauche ich einen Moment."*

Viele haben Scheu, so etwas auszusprechen. Sie denken, sie müssten durchhalten, „es durchziehen". Doch oft ist genau das, was Konflikte unlösbar macht: dass niemand den Mut hat, den Sog zu unterbrechen.

Ein einfaches, ehrliches Signal reicht oft aus. Zum Beispiel:

„Ich merke, dass ich gerade sehr angespannt bin und nicht mehr klar denken kann. Können wir kurz innehalten? Ich will dir wirklich zuhören, aber ich brauche gerade zwei Minuten."

Oder:
„Ich will nicht, dass das jetzt in ein gegenseitiges Rechthaben kippt. Lass uns einen Moment atmen, und dann schauen wir weiter."

Wichtig ist dabei der Ton: respektvoll, ruhig, ehrlich. Nicht ausweichend, sondern klar.

In der Pause kannst du dich selbst regulieren: bewusst atmen, die Schultern lockern, vielleicht ein Glas Wasser trinken, deinen Fokus auf den Körper lenken. All das hilft, das Nervensystem zu beruhigen – und wieder Zugang zu deiner emotionalen Intelligenz zu bekommen.

Gesprächspausen sind kein Aufgeben, sondern ein Akt der Reife. Sie zeigen, dass du dich nicht von der Eskalation dominieren lässt – sondern die innere Leitung übernimmst. Und sie schaffen auch für den anderen die Möglichkeit, sich zu sortieren. Denn oft eskaliert ein Gespräch nur deshalb, weil niemand sich traut, kurz auszusteigen.

Entschärfende Sprache statt Eskalation

Wenn die Spannung im Gespräch steigt, beginnt unser Gehirn, in den Überlebensmodus zu schalten. Die Fähigkeit zum Zuhören sinkt, die Bereitschaft zur Differenzierung verschwindet, und alles wird schnell zu einem „Du gegen mich". In solchen Momenten ist Sprache nicht mehr neutral – sie wird zum Zündstoff.

Deshalb ist es so entscheidend, in hitzigen Situationen auf entschärfende Sprache zurückzugreifen. Das bedeutet nicht, dass du leiser wirst oder deine Meinung verschweigst. Es heißt, dass du bewusst so sprichst, dass der andere im Gespräch bleiben kann – ohne sich bedroht zu fühlen.

Ein Satz wie „Du verstehst mich einfach nicht!" klingt ganz anders als „Ich fühle mich gerade nicht verstanden, und das macht mich traurig."
Der Inhalt ist ähnlich – aber die Wirkung ist fundamental verschieden.

Entschärfende Sprache ist:
- Ich-bezogen statt anklagend
- konkret statt pauschal
- fühlend statt bewertend
- offen statt unterstellend

Wenn du spürst, dass ein Gespräch kippt, kannst du zum Beispiel sagen:

„Ich möchte, dass wir uns wirklich verstehen – auch wenn wir gerade unterschiedlich fühlen."

„Ich will dich nicht angreifen. Ich bin einfach gerade sehr überfordert."

„Ich merke, dass das gerade heikel wird. Mir ist unsere Verbindung wichtiger als Recht zu haben."

Solche Sätze sind wie Wasser auf ein loderndes Feuer. Sie zeigen, dass du dich selbst wahrnimmst – und gleichzeitig den anderen im Blick behältst. Du sprichst nicht nur von deiner Position, sondern von deinem Menschsein.

Es braucht Mut, inmitten einer Eskalation weicher zu werden. Aber genau darin liegt die Kraft.
Denn wenn du deinem Gegenüber zeigst, dass du nicht gegen ihn bist – sondern mit ihm auf der Suche nach einer Lösung –, verändert sich die ganze Dynamik.

Das Ziel ist nicht, Konflikte zu „vermeiden", sondern sie so zu führen, dass sie nicht zerstören – sondern klären.
Dass sie nicht verhärten – sondern öffnen.
Dass sie nicht verletzen – sondern verbinden.

Dafür brauchst du kein perfekter Kommunikator zu sein.
Es reicht, wenn du bewusst bleibst. Wenn du erkennst, wann du dich verlierst. Wenn du innehältst, bevor du kämpfst. Wenn du Pausen zulässt, bevor du explodierst.
Und wenn du Sprache so wählst, dass sie Brücken baut – nicht Mauern.

Im nächsten Kapitel wirst du erfahren, wie du deine Kommunikation auf ein Fundament aus gegenseitigem Respekt, Vertrauen und Verantwortungsbewusstsein stellst – um dauerhaft stabile, ehrliche und gesunde Beziehungen zu pflegen.

KAPITEL 6: BEZIEHUNG LEBT VON DIALOG – KOMMUNIKATION IM ALLTAG

Partnerschaft & Liebe

Wenn zwei Menschen sich entscheiden, ihr Leben miteinander zu teilen, dann sagen sie nicht nur „Ja“ zueinander – sie sagen auch „Ja“ zu einer ständigen Kommunikation.
Partnerschaft ist kein Zustand, den man einmal erreicht und dann „verwaltet“. Sie ist ein lebendiger Prozess – und dieser Prozess ist geprägt von Gesprächen, Blicken, Pausen, Missverständnissen, Versöhnungen, Erwartungen und Verletzlichkeit.

In keiner anderen Beziehungsform wird Kommunikation so auf die Probe gestellt wie in einer Liebesbeziehung. Und das hat einen einfachen Grund: Nirgendwo sind wir so emotional offen, so stark involviert, so verletzbar wie in der Liebe. Gerade weil sie uns so viel bedeutet, reagieren wir sensibel auf jedes Ungleichgewicht, auf jede Unstimmigkeit, jedes vermeintlich falsche Wort.

In dieser Sektion wollen wir untersuchen, was es bedeutet, im Alltag einer Beziehung achtsam, liebevoll und gleichzeitig klar zu kommunizieren. Denn Liebe allein reicht oft nicht – wenn die Sprache fehlt, verhungert die Verbindung.
Es geht um drei Dinge, die wie Pfeiler ein starkes Beziehungsfundament tragen: das offene Kommunizieren von Erwartungen, das bewusste Zeigen von Verletzlichkeit und der konstruktive Umgang mit Streit.

Erwartungen klar kommunizieren

Jeder Mensch betritt eine Beziehung mit einem unsichtbaren Gepäck aus Hoffnungen, Prägungen, Ängsten und unausgesprochenen Erwartungen. Viele dieser Erwartungen sind

uns selbst nicht bewusst – bis sie enttäuscht werden.
Und genau hier beginnt die Herausforderung: Was nicht ausgesprochen wird, kann auch nicht erfüllt oder verstanden werden.

Die häufigsten Konflikte in Partnerschaften entstehen nicht durch böse Absicht, sondern durch das Schweigen über Erwartungen.
Wir wünschen uns Nähe, Unterstützung, bestimmte Formen der Aufmerksamkeit – aber wir hoffen oft, dass der andere das „merkt". Dass er intuitiv weiß, was wir brauchen, wann wir uns gesehen fühlen, was uns verletzt.
Doch diese Hoffnung führt meist zu Frustration. Denn Gedankenlesen funktioniert nicht – auch nicht in der tiefsten Liebe.

Klarheit beginnt mit Selbstreflexion:
Was erwarte ich in bestimmten Situationen wirklich? Was wünsche ich mir, ohne es bisher gesagt zu haben? Welche meiner Enttäuschungen beruhen auf Annahmen statt auf klarer Kommunikation?

Es ist ein Akt der Reife, Erwartungen auszusprechen, ohne zu fordern.
Etwa so:

„Ich merke, dass ich mich nach mehr Zeit zu zweit sehne. Wollen wir uns bewusst einen Abend pro Woche dafür nehmen?"
Oder:
„Wenn du mich in Konfliktsituationen berührst oder ansiehst, während wir sprechen, gibt mir das Sicherheit. Würdest du das versuchen?"

Solche Sätze machen verletzlich – und genau darin liegt ihre Kraft. Denn sie ersetzen Vorwürfe durch Offenheit. Sie schaffen ein gemeinsames Spielfeld, auf dem sich beide zeigen können, ohne zu kämpfen.

Der Irrglaube, dass Liebe alles von selbst regelt, hat schon viele Beziehungen zum Stillstand gebracht. Liebe lebt nicht nur von

Gefühl – sie lebt von Kommunikation. Und diese Kommunikation braucht Worte, die ehrlich und klar sind – aber nicht schneidend, sondern verbindend.

Verletzlichkeit zeigen als Stärke

In vielen Partnerschaften beginnt die emotionale Distanz nicht durch einen großen Streit, sondern durch kleine, tägliche Selbstverleugnungen. Wir zeigen nicht mehr, was uns bewegt, weil wir Angst haben, zu viel zu sein, zu bedürftig, zu kompliziert. Wir ziehen uns innerlich zurück, sobald wir uns verletzt fühlen, statt zu sagen: *„Das hat mich traurig gemacht."*
Wir spielen Stärke, wo eigentlich Berührbarkeit wäre – und merken nicht, dass wir damit nicht nur uns selbst, sondern auch der Beziehung etwas vorenthalten.

Verletzlichkeit ist nicht Schwäche.
Verletzlichkeit ist die mutige Entscheidung, sich zu zeigen – in dem Wissen, dass der andere uns nicht immer verstehen oder bestätigen wird.
Sie ist das Gegenteil von emotionaler Erpressung oder Abhängigkeit. Sie ist der Raum, in dem echte Nähe möglich wird.

Wenn du dich in deiner Partnerschaft wirklich zeigen willst, musst du bereit sein, auch Unsicherheiten, Ängste, Zweifel zu teilen – nicht als Drama, sondern als Teil deiner Menschlichkeit.
Ein Satz wie:

„Ich fühle mich manchmal nicht wichtig genug – und ich schäme mich fast, das zu sagen."

...öffnet mehr Herz als hundert gut gemeinte Ratschläge oder Diskussionen.

Verletzlichkeit schafft Tiefe. Sie nimmt die Rüstung ab. Und sie lädt auch den anderen ein, ehrlich zu sein – mit sich selbst und mit dir.
Denn: Nur wer sich zeigen darf, kann sich auch wirklich geliebt fühlen.

Natürlich braucht es dafür ein sicheres Beziehungsumfeld. Wenn Verletzlichkeit regelmäßig abgewertet, übergangen oder missverstanden wird, zieht sich das Herz zurück.
Deshalb ist es so wichtig, dass beide Partner den Raum mitgestalten, in dem solche Offenheit möglich ist. Dass sie sich nicht gegenseitig für ihre Unsicherheiten verurteilen, sondern begreifen: Hier begegnen sich zwei Menschen, nicht zwei Rollen.

Streit als Weg zu mehr Nähe

Viele Paare erleben Streit als Bedrohung – als Zeichen, dass etwas nicht stimmt. Dabei ist Konflikt nicht das Problem. Der Umgang damit entscheidet, ob die Beziehung wächst oder zerbricht.
Streit ist Ausdruck von Spannung – aber auch ein Hinweis darauf, dass etwas gesehen werden will. Dass ein Bedürfnis nicht erfüllt ist, ein Thema nicht ausgesprochen wurde, eine Grenze übergangen wurde.

Das Ziel ist also nicht, nie mehr zu streiten – sondern so zu streiten, dass danach mehr Klarheit und Verbindung entstehen.

Ein achtsamer Streit hat Regeln – nicht starre, sondern intuitive:

- Keine Entwertungen
- Keine alten Rechnungen
- Kein Generalisieren („*Immer machst du…*")
- Keine Ironie als Schutz vor echten Gefühlen

Stattdessen braucht es die Bereitschaft, bei sich zu bleiben, auch wenn es weh tut. Zu sagen:

„Ich bin verletzt – aber ich will nicht gegen dich sprechen."
Oder:
„Ich brauche eine Pause, damit ich nicht Dinge sage, die ich später bereue."

Ein Streit kann dann heilend wirken, wenn er nicht aus Dominanz oder Rechthaberei geführt wird, sondern aus dem Wunsch, sich wirklich zu verstehen.
Wenn nicht der eine gewinnt und der andere verliert – sondern

beide gemeinsam erkennen: *„Wir stehen nicht auf gegnerischen Seiten. Wir suchen eine Brücke."*

Das bedeutet nicht, dass jedes Problem sofort lösbar ist. Es gibt Unterschiede, die bleiben. Es gibt Reizpunkte, die sich wiederholen. Aber wenn du lernst, diese Themen anzusprechen, ohne zu verletzen und ohne dich zu verbiegen, wächst mit jedem Konflikt auch deine Beziehungskompetenz.

Und mehr noch: Jeder gelöste Streit stärkt das Vertrauen. Denn wenn ihr es schafft, gemeinsam durch schwierige Phasen zu gehen, entsteht ein neues Band – gewebt aus Respekt, Ehrlichkeit und emotionaler Reife.

Partnerschaft ist nicht das Versprechen ewiger Harmonie – sondern die tägliche Entscheidung, den Dialog offen zu halten.
Auch, wenn es schwierig wird. Auch, wenn Schweigen einfacher wäre. Auch, wenn du unsicher bist.

Die Qualität eurer Kommunikation bestimmt die Qualität eurer Verbindung.
Und echte Nähe entsteht nicht nur im Schlafzimmer oder bei einem romantischen Abendessen – sondern im Alltag. In den kleinen Sätzen. In der Art, wie ihr euch zuhört. In dem Mut, das zu sagen, was euch wirklich bewegt. Und darin, den anderen nicht verändern zu wollen, sondern zu verstehen.

Im nächsten Abschnitt dieses Kapitels wirst du erfahren, wie sich diese Prinzipien auch auf die Kommunikation mit Kindern übertragen lassen – und warum Beziehung nicht von Erziehung, sondern von echtem Verstehen lebt.

Familie & Kinder

Kinder brauchen keine perfekten Eltern. Sie brauchen Menschen, die bereit sind, sich auf Beziehung einzulassen. Menschen, die nicht immer alles wissen, aber zuhören. Menschen, die nicht unfehlbar sind, aber bereit, sich zu zeigen – ehrlich, liebevoll und wachsam für die Sprache, die zwischen ihnen geschieht.

Kommunikation in der Familie ist mehr als das Austauschen von Informationen. Sie ist das emotionale Klima, in dem Kinder aufwachsen – Tag für Tag, Satz für Satz. Es geht nicht nur darum, *was* gesagt wird, sondern vor allem *wie*.
Der Tonfall, die Mimik, das Tempo, die Haltung – all das ist für Kinder oft lauter als Worte. In ihren ersten Lebensjahren erleben sie Kommunikation nicht als Gespräch, sondern als Gesamtstimmung. Und genau in dieser Stimmung entsteht ihr Bild von sich selbst und von der Welt.

Diese Sektion widmet sich drei zentralen Aspekten:
Wie wir mit Kindern altersgerecht sprechen können, wie wir durch Sprache emotionale Sicherheit geben – und wie wir Konflikte im Familienalltag nicht als Scheitern, sondern als Lernfeld verstehen können, das Beziehung vertieft.

Altersgerechte Kommunikation mit Kindern

Ein häufiger Fehler in der Kommunikation mit Kindern besteht darin, sie entweder zu unterschätzen oder zu überfordern. Erwachsene neigen dazu, entweder zu viel erklären zu wollen – in einer Sprache, die Kinder noch nicht greifen können – oder zu wenig zu sagen, in der Annahme, Kinder würden ohnehin nichts verstehen. Beides schafft Distanz.

Kinder verstehen mehr, als wir glauben – aber sie verarbeiten anders. Sie denken konkret, nicht abstrakt. Sie fühlen in Bildern, nicht in Argumenten. Und vor allem: Sie spüren die emotionale Bedeutung hinter den Worten sehr viel schneller als Erwachsene.

Altersgerechte Kommunikation beginnt also nicht mit dem Inhalt, sondern mit der Fähigkeit, sich auf das Entwicklungsniveau des Kindes einzustimmen – und von dort aus zu sprechen.
Ein Kleinkind braucht klare, einfache Sätze. Es braucht Wiederholung, emotionale Bestätigung und vor allem: Präsenz. Nicht viele Worte – aber Worte, die von Aufmerksamkeit getragen sind.

Ein Vorschulkind kann schon erste Zusammenhänge begreifen, will verstehen, warum etwas passiert, fragt nach Regeln, sucht Orientierung. Hier helfen kurze Erklärungen, die nicht belehrend, sondern dialogisch sind: „Ich sehe, dass du wütend bist, weil du noch spielen willst. Und gleichzeitig ist es jetzt Zeit fürs Schlafen. Ich bin bei dir."

Mit Schulkindern beginnt eine neue Ebene: Sie hinterfragen mehr, erleben erste eigene Unsicherheiten und brauchen Kommunikation, die sie ernst nimmt – nicht als kleine Erwachsene, sondern als wachsende Menschen. Es geht darum, Wertschätzung und Struktur zu verbinden. Nicht nur zu sagen, *was* getan werden soll, sondern auch *warum* – und Raum zu geben für Rückfragen, Emotionen, Perspektiven.

Ein Satz wie: „Du musst jetzt deine Hausaufgaben machen, sonst gibt's kein Tablet" erzeugt Druck – aber keine Verbindung.
Ein alternativer Zugang könnte sein: „Ich weiß, dass du gerade keine Lust hast. Wollen wir erst gemeinsam zehn Minuten anfangen? Ich bleib bei dir."
Solche Sätze sind nicht „weich". Sie sind klar – aber beziehungsorientiert. Und genau das brauchen Kinder: keine Drohungen, sondern Orientierung mit Verbindung.

Altersgerechte Kommunikation heißt nicht, alles zu erlauben oder sich selbst zurückzunehmen. Sie bedeutet, sich selbst klar zu zeigen – in einer Sprache, die für das Kind erreichbar ist.

Emotionale Sicherheit durch Sprache schaffen

Emotionale Sicherheit ist das Fundament jeder gesunden Entwicklung. Ein Kind, das sich sicher fühlt, lernt besser, spielt freier, zeigt mehr Mitgefühl und entwickelt ein gesundes Selbstbild. Und einer der stärksten Bausteine dieser Sicherheit ist Sprache – genauer gesagt: die Art, wie mit dem Kind gesprochen wird.

Sprache kann ein Schutzraum sein – oder ein unsichtbares Schwert.
Ein „Du nervst mich jetzt" sagt nicht nur etwas über den Moment, sondern über die Beziehung. Ein „Ich brauche kurz Ruhe, weil mein Kopf voll ist" vermittelt dasselbe Bedürfnis – aber ohne das Kind abzuwerten.

Kinder nehmen Worte wörtlich – und sie verinnerlichen sie tief. Besonders Worte, die wiederholt fallen, prägen ihr Selbstbild. Wenn ein Kind oft hört, dass es „zu laut", „zu langsam", „zu anstrengend" ist, beginnt es, sich selbst so zu sehen. Selbst dann, wenn es anders gemeint war.

Emotionale Sicherheit entsteht durch eine Sprache, die respektvoll, ehrlich und einladend ist – auch (und gerade) in herausfordernden Situationen.

Das bedeutet:
– Gefühle des Kindes nicht zu bagatellisieren („Ist doch nicht so schlimm")
– Stattdessen zu spiegeln: „Das hat dich richtig traurig gemacht, oder?"
– Eigene Fehler einzugestehen: „Ich war vorhin ungerecht. Es tut mir leid."
– Wiederholt Sicherheit zu geben: „Auch wenn wir streiten, ich hab dich lieb."
– Bedürfnisse zu benennen: „Ich will dir helfen, aber ich brauche vorher fünf Minuten, um durchzuatmen."

Kinder lernen durch Beziehung. Und sie lernen durch Wiederholung. Je häufiger sie erleben, dass ihre Gefühle Platz haben, dass sie ernst genommen werden, dass Sprache

Verbindung schafft statt Distanz, desto stärker wird ihr inneres Vertrauen – in sich selbst und in andere.

Das heißt nicht, dass Eltern immer alles richtig machen müssen. Aber es heißt, dass Sprache ein Werkzeug der Beziehungspflege ist – nicht nur ein Mittel zur Erziehung.

Konflikte als Lernfelder nutzen

In fast jeder Familie gibt es Momente, in denen etwas knallt: Türen, Stimmen, Emotionen. Kinder schreien, Eltern schreien zurück, Tränen fließen. Es ist leicht, sich danach schuldig zu fühlen oder zu denken: *„So wollte ich das doch nie machen."*

Aber die Wahrheit ist: Konflikte sind nicht das Problem – sie sind ein Spiegel. Sie zeigen, dass etwas gesehen werden will. Dass ein Bedürfnis nicht erfüllt ist, dass eine Grenze verletzt wurde oder dass Überforderung da ist – bei Eltern wie bei Kindern.

Der Umgang mit Konflikten ist daher kein Prüfstein für perfekte Elternschaft, sondern ein Trainingsfeld für Beziehungskompetenz.
Es geht nicht darum, jeden Streit zu verhindern – sondern ihn zu nutzen, um gemeinsam zu wachsen.

Ein Kind, das erlebt, dass nach einem Streit wieder Verbindung entsteht, lernt:
- Konflikte sind nicht das Ende von Nähe.
- Gefühle dürfen gezeigt werden.
- Worte können verletzen – aber auch heilen.
- Es gibt Wege, wieder zueinanderzufinden.

Ein einfacher, aber kraftvoller Schritt ist das gemeinsame Nachgespräch.
Sich nach einem Konflikt zu setzen, auf Augenhöhe, und zu sagen:

„Das war gerade heftig. Ich will verstehen, wie es dir ging."
Oder:
„Ich bin laut geworden. Ich möchte, dass du weißt: Ich war überfordert – aber ich arbeite daran, anders zu reagieren."

Solche Gespräche sind keine Schwäche – sie sind emotionales Lernen pur. Kinder erfahren dadurch, dass Fehler Teil des Miteinanders sind – und dass es Werkzeuge gibt, um sie zu klären. Sie erleben, dass Menschen sich verändern können. Und sie spüren: Auch Erwachsene müssen sich entwickeln. Auch Mama oder Papa sind Lernende.

Wenn Konflikte nicht verteufelt, sondern gemeinsam bearbeitet werden, entsteht eine Kultur des Vertrauens.
Nicht durch perfekte Harmonie, sondern durch wahrhaftige Beziehung.

Familie ist der erste Ort, an dem wir Sprache erleben – nicht nur als Mittel zum Sprechen, sondern als Mittel zur Verbindung.
Wenn Kinder erleben, dass sie gehört werden, dass ihre Gefühle Platz haben, dass man mit ihnen spricht und nicht nur über sie – dann entsteht ein inneres Gerüst, das sie ein Leben lang trägt.
Dann wird Kommunikation nicht zum Machtmittel, sondern zur Brücke – zwischen Menschen, über Generationen hinweg.

Im nächsten Abschnitt dieses Kapitels wirst du erfahren, wie sich die Prinzipien der achtsamen Kommunikation auch in Freundschaften, Nachbarschaft, Schule und sozialen Netzwerken anwenden lassen – um Menschlichkeit auch im „kleinen Alltag" lebendig zu halten.

Beruf & Karriere

Wir verbringen einen erheblichen Teil unseres Lebens am Arbeitsplatz – sei es in einem Team, in einer Führungsrolle, in Projektarbeit oder im Austausch mit Kunden und Dienstleistern. Und doch behandeln viele Menschen Kommunikation im Berufsleben, als sei sie ein rein funktionaler Austausch: Aufgaben, Termine, Ergebnisse. Klarheit soll herrschen, Effizienz zählt, Emotionen gelten oft als störend.

Doch die Realität sieht anders aus: Auch in der Arbeitswelt ist Kommunikation immer ein Beziehungsgeschehen. Wer klar und respektvoll kommuniziert, kann Vertrauen aufbauen, Konflikte rechtzeitig erkennen, Potenziale entfalten – und eine Kultur prägen, in der sich Menschen sicher, gesehen und wirksam fühlen.

In dieser Sektion geht es darum, wie Kommunikation in beruflichen Kontexten gelingen kann – und was es braucht, um sie bewusst, menschlich und gleichzeitig professionell zu gestalten. Dabei stehen drei Aspekte im Zentrum: die Bedeutung klarer Team- und Führungskommunikation, der Aufbau einer wertschätzenden Feedbackkultur und die Fähigkeit, Grenzen auch im Beruf auf respektvolle Weise zu setzen.

Klarheit in Team- und Führungskommunikation

In Teams wird oft viel geredet – und doch wenig gesagt.
Es gibt Meetings, Mails, Status-Updates, kurze Absprachen am Flur – aber keine echte Verständigung. Konflikte schwelen unter der Oberfläche, Rollen sind diffus, Zuständigkeiten unklar. Menschen fühlen sich nicht gehört oder nicht gebraucht. Und ausgerechnet dort, wo Zusammenarbeit wichtig wäre, fehlt die Verbindung.

Klare Kommunikation im Team beginnt nicht mit dem perfekten Satz, sondern mit einer gemeinsamen Haltung: Wollen wir wirklich verstehen – oder einfach nur unsere Aufgabe erledigen?
Wollen wir Nähe zulassen – oder Distanz wahren?
Wollen wir Verantwortung teilen – oder stillschweigend erwarten, dass andere „es schon machen"?

Klarheit bedeutet: Erwartungen werden ausgesprochen. Rollen werden definiert. Missverständnisse werden aktiv geklärt. Es ist nicht die Abwesenheit von Konflikt, sondern der bewusste Umgang mit Unsicherheit und Unterschiedlichkeit.

Besonders Führungskräfte stehen hier in der Verantwortung. Denn ihre Art zu kommunizieren prägt das Klima des gesamten Teams. Eine Führungskraft, die sich nur auf fachliche Ergebnisse

konzentriert, übersieht oft die entscheidende Ebene: das Zwischenmenschliche.
Wird Wertschätzung vermittelt? Werden Sorgen gehört? Dürfen Menschen sich auch zeigen, wenn sie mal nicht funktionieren?

Klarheit in der Führung heißt, nicht um den heißen Brei zu reden – aber auch nicht zu dominieren. Es heißt, Ziele deutlich zu benennen, aber auch Rückfragen zuzulassen. Es heißt, Verantwortung zu übertragen – aber nicht Menschen damit allein zu lassen.

Ein einfaches Beispiel:

Statt: „Das Projekt muss einfach schneller laufen."
Besser: „Mir ist wichtig, dass wir die Deadlines halten – was brauchst du, um effizienter voranzukommen?"

So wird nicht nur Klarheit erzeugt, sondern auch Beziehung gepflegt. Und genau darin liegt die Zukunft von Führung: in der Balance aus Struktur und Menschlichkeit.

Feedbackkultur fördern

In vielen Organisationen herrscht Unsicherheit rund ums Thema Feedback. Entweder wird es vermieden – aus Angst, jemanden zu verletzen – oder es wird zu direkt formuliert, ohne Rücksicht auf die Beziehungsebene. Beides führt dazu, dass Feedback seine eigentliche Funktion verliert: nämlich Entwicklung zu ermöglichen.

Eine gesunde Feedbackkultur basiert auf gegenseitigem Respekt, klarer Sprache und einer konstruktiven Grundhaltung. Sie ist nicht auf Bewertung ausgerichtet, sondern auf Verbesserung.
Und sie ist kein Ereignis, sondern eine Haltung: Feedback ist nicht

nur ein jährliches Mitarbeitergespräch, sondern Teil des Alltags – in beide Richtungen.

Dazu gehört die Fähigkeit, Rückmeldungen nicht als Angriff zu empfinden, sondern als Geschenk. Und gleichzeitig: die Fähigkeit, Feedback so zu formulieren, dass es nicht verletzt, sondern inspiriert.

Konstruktives Feedback folgt einer einfachen Regel: Beobachtung – Wirkung – Wunsch.
Beispiel:

„Mir ist aufgefallen, dass du dich in den letzten Meetings wenig eingebracht hast (Beobachtung). Ich hatte dadurch das Gefühl, dass du nicht ganz präsent bist (Wirkung). Ich würde mir wünschen, dass du deine Perspektive öfter einbringst – deine Stimme fehlt uns (Wunsch)."

Solch ein Feedback ist konkret, ehrlich und wertschätzend. Es vermeidet Pauschalurteile, spricht in Ich-Botschaften und öffnet einen Raum zur Entwicklung. Gleichzeitig gibt es dem anderen die Möglichkeit, zu reflektieren, ohne sich verteidigen zu müssen.

Ebenso wichtig wie das Geben von Feedback ist das Annehmen. Viele Menschen neigen dazu, sich bei Kritik sofort zu erklären oder zu rechtfertigen. Doch echtes Zuhören heißt: Erst aufnehmen – dann prüfen – und erst dann reagieren.

Eine offene Feedbackkultur verändert Teams. Sie fördert gegenseitiges Vertrauen, steigert die Qualität der Arbeit und schafft ein Klima, in dem Menschen miteinander wachsen können, statt nebeneinander zu funktionieren.

Grenzen in der Arbeitswelt respektvoll setzen

Ein unterschätzter Teil gelingender Kommunikation im Berufsleben ist die Fähigkeit, Grenzen zu erkennen, zu benennen und zu schützen – ohne sich dabei in Schuld oder Abwehr zu verstricken.

Viele Menschen trauen sich nicht, im Job klare Grenzen zu setzen.

Sie sagen Ja, obwohl sie Nein meinen. Sie übernehmen Aufgaben, obwohl sie überlastet sind. Sie tolerieren einen ruppigen Umgangston, obwohl es ihnen weh tut. Der Grund ist oft Angst: Angst vor Ablehnung, vor Nachteilen, vor dem Etikett „nicht teamfähig".

Doch das Gegenteil ist der Fall: Wer seine Grenzen klar kommuniziert, sorgt nicht für Distanz, sondern für Verlässlichkeit. Denn Grenzsetzung schafft Klarheit. Und Klarheit schafft Sicherheit – auch für andere.

Wichtig ist, wie die Grenze gesetzt wird. Nicht trotzig oder defensiv, sondern ruhig, ehrlich und transparent. Es geht nicht um Abwehr, sondern um Selbstfürsorge – in einer Sprache, die den anderen nicht abwertet.

Einige Beispiele:

„Ich bin gerade mit anderen Aufgaben gebunden – können wir das auf morgen verschieben?"

„Ich arbeite gerne im Team, aber wenn der Ton so wird, brauche ich einen Moment, um durchzuatmen."

„Ich bin bereit, Überstunden zu machen – aber nicht dauerhaft. Lass uns gemeinsam schauen, wie wir das auffangen können."

Solche Sätze zeigen Haltung – und gleichzeitig Dialogbereitschaft. Sie sagen: *Ich sehe dich – aber ich vergesse mich dabei nicht.*

Gerade in digitalen Zeiten, in denen Erreichbarkeit oft grenzenlos erscheint, ist diese Form von klarer, aber menschlicher Abgrenzung essenziell. Denn wer immer erreichbar ist, verliert irgendwann den Kontakt zu sich selbst – und wird im schlechtesten Fall innerlich kündigen.

Grenzen zu setzen heißt nicht, egoistisch zu sein. Es heißt, auf sich achtzugeben, um langfristig leistungsfähig, beziehungsfähig und gesund zu bleiben.

Und genau das brauchen moderne Unternehmen: nicht Maschinen, sondern Menschen, die sich zeigen, die sich schützen, die mit sich im Kontakt bleiben – auch im beruflichen Kontext.

Kommunikation im Beruf ist keine technische Disziplin. Sie ist Beziehungsgestaltung unter anderen Vorzeichen.
Wer lernt, klar zu sprechen und empathisch zuzuhören, verändert nicht nur Prozesse – sondern auch Kultur.
Wer Feedback geben kann, ohne zu verletzen, und Kritik annehmen kann, ohne sich zu verschließen, wird zu einem echten Verbindungspunkt im System.
Und wer Grenzen setzt, ohne Schuld, schafft Räume, in denen sich andere sicher fühlen können.

In einer Welt, in der Schnelligkeit und Effizienz dominieren, wird achtsame Kommunikation zum entscheidenden Unterscheidungsmerkmal – für Teams, für Führung, für den Einzelnen.

Im nächsten Kapitel geht es um den Zusammenhang zwischen Sprache, Trauma und Heilung – und darum, wie unsere Kommunikationsmuster sich durch frühe Prägungen formen und im Erwachsenenalter verändern lassen.

KAPITEL 7: HEILSAME KOMMUNIKATION MIT DIR SELBST

Der innere Dialog

Es gibt eine Stimme, die du jeden Tag hörst – vom ersten Moment deines Erwachens bis zum Einschlafen. Sie begleitet dich bei jeder Entscheidung, kommentiert dein Verhalten, bewertet deine Gefühle, fragt, zweifelt, vergleicht, erklärt, kritisiert, ermutigt oder beschämt dich. Und das meiste davon läuft völlig unbewusst ab.

Diese Stimme ist deine innere Sprache.
Dein innerer Dialog.

Und er ist mächtiger, als du vielleicht denkst.

Wie du mit dir selbst sprichst, hat unmittelbaren Einfluss auf deine Stimmung, deine Beziehungsfähigkeit, dein Selbstwertgefühl und sogar auf deine körperliche Gesundheit. Der Ton, den du innerlich anschlägst, bestimmt, ob du dich sicher oder bedroht fühlst. Ob du dich selbst ermutigst oder lähmst. Ob du dich weiterentwickelst – oder innerlich immer wieder dieselben Schleifen drehst.

In dieser Sektion geht es um genau diese leise, aber bestimmende Kommunikation: die mit dir selbst. Wir schauen uns an, wie Gedanken wirken, wie du destruktive Muster erkennst – und wie du lernen kannst, freundlich, ehrlich und unterstützend mit dir selbst zu sprechen.

Wie du mit dir sprichst, prägt alles

Viele Menschen wundern sich, warum sie sich so oft unter Druck fühlen, sich wertlos, erschöpft oder innerlich angespannt erleben – selbst dann, wenn im Außen scheinbar alles funktioniert. Was sie dabei oft übersehen: Die meiste Zeit fühlen wir uns nicht wegen äußerer Umstände schlecht, sondern wegen der Art, wie wir innerlich über diese Umstände sprechen.

Ein einfacher Satz wie „Ich schaff das eh nicht" kann ein ganzes Nervensystem in Alarm versetzen.
Ein ständiges inneres „Du musst besser sein" hält dich in einer Spirale aus Selbstoptimierung, ohne je anzukommen.
Ein „Ich bin so dumm" – auch als Scherz gemeint – bleibt als stille Abwertung im Körper haften.

Unsere innere Sprache ist wie ein Klima. Sie ist nicht immer bewusst spürbar, aber sie wirkt permanent. Und je nachdem, wie dieses Klima beschaffen ist, können wir innerlich aufblühen – oder verkümmern.

Die Frage ist also nicht nur: *Wie rede ich mit anderen?*
Sondern: *Wie rede ich mit mir – wenn ich versage? Wenn ich Angst habe? Wenn ich traurig bin?*

Viele von uns haben nie gelernt, liebevoll mit sich selbst zu sprechen. Stattdessen haben wir verinnerlicht, was uns früher gespiegelt wurde: durch Eltern, Lehrer, gesellschaftliche Ideale. Wenn Lob an Bedingungen geknüpft war, haben wir gelernt, nur dann „gut genug" zu sein, wenn wir leisten. Wenn Gefühle abgewertet wurden („Jetzt hör aber auf zu heulen"), haben wir begonnen, uns selbst für unsere Emotionalität zu schämen.
Diese inneren Stimmen sind nicht „dein wahres Ich". Sie sind übernommene Sprache – und genau deshalb auch veränderbar.

Gedankenmuster erkennen und verändern

Bevor du deinen inneren Dialog verändern kannst, musst du ihn kennenlernen. Und das ist eine Herausforderung – denn Gedanken wirken oft wie Tatsachen. Sie kommen automatisch, wirken plausibel, erscheinen vertraut. Und genau das macht sie gefährlich: Wenn du einem inneren Urteil immer wieder glaubst, wird es zur Realität.

Typische destruktive Gedankenmuster sind zum Beispiel:

- Katastrophisieren: „Wenn ich das jetzt vermassle, ist alles vorbei."
- Vergleichen: „Die anderen sind viel weiter als ich."
- Generalisiertes Urteil: „Ich bin einfach nicht der Typ für XY."
- Perfektionismus: „Es muss perfekt sein, sonst zählt es nicht."
- Gedankenlesen: „Die halten mich bestimmt für unfähig."

Solche Muster laufen oft so schnell und automatisch ab, dass sie kaum auffallen. Und sie erzeugen ein inneres Grundgefühl von Stress, Unsicherheit oder Ohnmacht – selbst dann, wenn äußerlich nichts Akutes passiert.
Der erste Schritt zur Veränderung ist daher Bewusstheit.
Beobachte dich. Werde neugierig:

- Was sage ich innerlich, wenn ich einen Fehler mache?
- Wie spreche ich mit mir, wenn ich nervös bin?
- Was für Worte benutze ich, wenn ich mich überfordert fühle?

Am besten gelingt das durch Schreiben. Nimm dir regelmäßig ein paar Minuten, um deinen inneren Monolog aufzuschreiben. Ohne Zensur, ohne Bewertung. Allein das Sichtbarmachen schafft Distanz – und oft auch Erkenntnis. Du wirst erstaunt sein, wie streng, fordernd oder auch abwertend dein innerer Ton klingen kann.
Und du wirst erkennen: *Das bin ich nicht – das ist erlernt. Und ich kann es ändern.*

Der zweite Schritt ist das bewusste Unterbrechen und Neuformulieren:
Aus „Ich bin so unfähig" kann werden: „Ich bin überfordert – und das ist okay. Ich darf Hilfe brauchen."
Aus „Ich bin immer zu spät" wird: „Ich habe heute wieder zu spät angefangen – was kann ich morgen anders machen?"
Aus „Ich bin so ein Versager" wird: „Ich habe einen Fehler gemacht

– und ich darf trotzdem gut sein."

Diese neue Sprache ist nicht beschönigend. Sie ist realistisch, freundlich und handlungsfähig. Und genau das macht sie so kraftvoll.

Selbstermutigung statt Selbstverurteilung

Die meisten Menschen sprechen mit sich selbst in einem Ton, den sie niemals gegen andere richten würden. Sie beschimpfen sich innerlich für Unsicherheiten, kritisieren sich für Fehler, entwerten ihre Erfolge oder vergleichen sich ständig mit Idealbildern, die sie nie erreichen können.

Dabei ist klar: Niemand hat je durch Selbsthass sein Leben verbessert.
Veränderung entsteht nicht durch Härte – sondern durch Mitgefühl. Und Mitgefühl beginnt mit Sprache.

Stell dir vor, du wärst nicht dein eigener Richter, sondern dein eigener Verbündeter. Stell dir vor, du würdest dich selbst ermutigen, so wie du es bei einem engen Freund tun würdest. Nicht naiv, nicht beschönigend – aber mit Herzenswärme.
So wie:

„Das war schwer. Und du hast dich trotzdem bemüht. Ich bin stolz auf dich."
Oder:
„Du hast heute nicht alles geschafft – aber du bist dran geblieben. Das zählt."
Oder:
„Auch wenn du dich gerade schwach fühlst, bist du trotzdem wertvoll."

Diese Sätze wirken vielleicht ungewohnt – gerade, wenn du es nie gelernt hast, freundlich mit dir selbst zu sprechen. Aber sie können über Zeit ein inneres Netz der Unterstützung knüpfen. Und je öfter du es übst, desto natürlicher wird es.

Du kannst dir auch gezielt kleine Rituale schaffen:

- Eine Liste mit Sätzen, die dich stärken – am Spiegel, im Notizbuch, auf dem Handy.
- Eine tägliche Reflexion: *Was habe ich heute gut gemacht – auch wenn es klein war?*
- Eine achtsame Mini-Pause, in der du dir selbst sagst: *„Ich bin für mich da."*

Solche Selbstermutigung ist kein Luxus. Sie ist eine Notwendigkeit für seelische Gesundheit – besonders in stressigen oder herausfordernden Zeiten.

Denn du bist der Mensch, mit dem du dein ganzes Leben verbringst. Und wie du mit dir sprichst, entscheidet darüber, wie du dich in diesem Leben fühlst.

Heilsame Kommunikation beginnt innen. Sie beginnt damit, die Stimmen, die dich klein halten, zu erkennen – und ihnen neue, unterstützende Stimmen entgegenzustellen.
Sie beginnt mit dem Mut, dich selbst zu behandeln wie jemanden, den du wirklich liebst.
Und sie führt dich Schritt für Schritt in eine Haltung von innerer Freundschaft – in der Veränderung möglich wird, nicht aus Angst, sondern aus Verbundenheit.

Im nächsten Abschnitt dieses Kapitels geht es darum, wie du durch achtsame Selbstbeobachtung und bewusste Regulation emotionaler Zustände eine tiefere Verbindung zu dir selbst aufbaust – als Grundlage für jede Kommunikation im Außen.

Die Verbindung zu deinem inneren Kind

In jedem von uns lebt ein Kind. Es ist nicht sichtbar, es läuft nicht durch unsere Wohnung und es mischt sich nicht lautstark in Konferenzen oder Gespräche ein. Und doch ist es da – immer. Es lebt in unseren Gefühlen, in unseren Reaktionen, in unseren

Ängsten, in dem, was uns triggert, und auch in dem, was uns zum Strahlen bringt.

Dieses innere Kind ist die Summe all dessen, was wir als Kinder erlebt, erhofft, vermisst, geglaubt und empfunden haben. Es ist das verletzliche, spontane, emotionale Wesen in uns, das einst völlig abhängig davon war, wie es gesehen, gehalten, gehört und behandelt wurde. Und ob wir wollen oder nicht – es prägt unser heutiges Selbstbild, unsere Beziehungsmuster und unsere Sprache mit uns selbst.

Die Verbindung zum inneren Kind ist keine esoterische Idee. Sie ist ein tief menschlicher, psychologisch fundierter Zugang zur Selbstheilung. Wer beginnt, dieses Kind in sich wahrzunehmen, zu verstehen und mitfühlend zu begleiten, öffnet einen Raum für Transformation – weg von Selbstverurteilung, hin zu Selbstannahme.
Denn viele unserer automatischen inneren Sätze – wie *„Ich muss erst leisten, um wertvoll zu sein"* oder *„Ich darf keine Fehler machen"* – stammen nicht aus der Gegenwart. Sie stammen aus einer Zeit, in der wir noch keine Sprache hatten, um unsere Bedürfnisse zu äußern, und keinen Schutz, um sie selbst zu erfüllen.

Diese Sektion lädt dich ein, deinem inneren Kind zu begegnen. Nicht, um in der Vergangenheit zu schwelgen, sondern um in der Gegenwart freier zu leben. Denn nur wenn wir uns den alten inneren Stimmen stellen, können wir neue, heilsame Botschaften formulieren – und lernen, mit uns selbst so zu sprechen, wie wir es damals gebraucht hätten.

Was dein inneres Kind braucht

Das innere Kind ist kein Konzept, das man einmal „bearbeitet" und dann ist es erledigt. Es ist ein lebendiger Teil deines emotionalen Systems. Und es meldet sich oft nicht laut und deutlich, sondern durch Gefühle: durch Überforderung, durch Rückzug, durch das Bedürfnis nach Bestätigung, durch Angst vor

Ablehnung oder durch den plötzlichen Wunsch, sich zu beweisen – auch wenn es gar nicht nötig wäre.

Was dein inneres Kind wirklich braucht, ist nicht, dass alles gut gemacht wird, was früher gefehlt hat. Was es braucht, ist, endlich gesehen zu werden – so, wie es damals war. Mit all seiner Angst, seinem Trotz, seiner Traurigkeit, seinem Wunsch nach Nähe, seiner Überforderung in einer Welt, die oft zu groß, zu schnell oder zu unklar war.

Viele von uns hatten Eltern, die selbst nicht gelernt hatten, emotional präsent zu sein. Sie haben vielleicht gut versorgt, waren bemüht und liebevoll – aber emotional oft nicht erreichbar. Oder sie waren wechselhaft, streng, unberechenbar oder abwertend. Auch das prägt ein Kind – nicht nur durch Taten, sondern durch Sprache.
Ein Kind, dem gesagt wird *„Jetzt reiß dich zusammen"*, lernt: Gefühle sind gefährlich.
Ein Kind, das oft hört *„Du bist so empfindlich"*, lernt: Ich bin zu viel.
Ein Kind, das ignoriert wird, wenn es traurig oder wütend ist, lernt: Ich bin allein, wenn ich echt bin.

Und genau diese tief gespeicherten Sätze wirken später weiter – in der Art, wie wir mit uns selbst sprechen. Wenn wir unser inneres Kind ignorieren, werden wir hart. Nicht aus Stärke, sondern aus Schutz.

Doch in Wahrheit sehnt sich dieses Kind nicht nach Disziplin. Es sehnt sich nach einem inneren Erwachsenen, der sagt: *„Ich sehe dich. Du bist okay. Du musst nichts leisten, um gehalten zu werden."*

Das ist Selbstmitgefühl in seiner reinsten Form. Und es beginnt nicht mit Affirmationen – sondern mit echtem Kontakt.

Alte Sätze entkräften

Wenn du beginnen willst, dich deinem inneren Kind zuzuwenden, dann ist ein kraftvoller erster Schritt, die inneren Sätze zu identifizieren, die du seit deiner Kindheit mit dir herumträgst. Oft laufen sie unbewusst mit – in Momenten der Angst, der Überforderung, der Scham. Sie klingen wie innere Wahrheiten, aber sie sind nicht wahr – sie sind gelernt.

Einige typische Beispiele für solche alten Sätze sind:
– *„Ich bin nicht wichtig."*
– *„Ich darf keine Fehler machen."*
– *„Ich muss stark sein."*
– *„Wenn ich traurig bin, bin ich allein."*
– *„Ich bin falsch, so wie ich bin."*

Diese Sätze stammen selten aus klaren Worten der Eltern – oft sind sie aus Stimmungen, Reaktionen, aus dem Schweigen oder der Ablehnung abgeleitet. Und sie sitzen tief.
Sie zu entkräften bedeutet nicht, sie einfach zu ersetzen. Es bedeutet, sie zu erkennen, zu würdigen – und dann bewusst in Frage zu stellen.

Ein heilsamer Zugang ist es, diese Sätze aufzuschreiben – und dich dann zu fragen:

- Wann habe ich das zum ersten Mal gespürt?
- Wer hätte mir damals etwas anderes sagen müssen?
- Was hätte ich in diesem Moment gebraucht?
- Ist dieser Satz heute noch wahr – oder ist er ein Echo von damals?

Allein diese Fragen öffnen einen inneren Raum. Und sie machen dich frei – nicht, weil du deine Vergangenheit veränderst, sondern weil du die Deutungshoheit übernimmst. Du beginnst, der inneren Geschichte eine neue Stimme hinzuzufügen – deine eigene.

Neue, unterstützende Botschaften finden

Die wohl kraftvollste Form der inneren Kommunikation ist es, deinem inneren Kind neue, heilsame Botschaften zu geben. Nicht, um etwas zu beschönigen, sondern um etwas nachzuholen, das damals gefehlt hat: ein sicherer innerer Halt, ein liebevoller Blick, ein echtes Gesehenwerden.

Diese Botschaften dürfen einfach sein. Sie müssen nicht klug klingen. Sie müssen nur ehrlich und verbunden sein.

Zum Beispiel:
– *„Du bist nicht zu viel. Du warst einfach sehr allein.“*
– *„Du darfst traurig sein. Ich bin bei dir.“*
– *„Du bist nicht falsch – du wurdest nur nicht richtig gesehen.“*
– *„Du musst dich nicht mehr anstrengen, um geliebt zu werden.“*
– *„Ich bin heute für dich da. Ich höre dich. Du bist sicher.“*

Es kann anfangs ungewohnt sein, so mit sich selbst zu sprechen. Vielleicht kommt Widerstand. Vielleicht wirkt es kitschig oder fremd. Aber wenn du beginnst, diese Sätze innerlich zu verankern – regelmäßig, achtsam, mit offenem Herzen – verändert sich dein inneres Klima.

Du wirst merken, dass du dich in schwierigen Momenten nicht mehr so schnell verurteilst. Dass du schneller erkennst, wann ein alter Schmerz spricht – und liebevoll reagieren kannst. Dass du weniger aus Angst handelst – und mehr aus Vertrauen.

Diese neuen Botschaften sind kein Pflaster für tiefe Wunden. Sie sind ein neuer Boden. Einer, auf dem das innere Kind nachreifen darf. Einer, auf dem du heute erwachsen sein darfst – ohne dich von alten Mustern steuern zu lassen.

Und mehr noch: Wenn du beginnst, mit deinem inneren Kind zu sprechen, wirst du auch anders mit anderen Menschen sprechen. Du wirst feinfühliger, weicher, klarer. Du erkennst ihre inneren Kinder – und du hörst zwischen den Zeilen, was sie selbst noch nicht sagen können.

Das ist die tiefste Kraft heilsamer Kommunikation:
Sie beginnt in uns – und verändert alles um uns herum.

Im nächsten Abschnitt dieses Kapitels wirst du erfahren, wie du durch gezielte Rituale und liebevolle Selbstverankerung eine stabile Beziehung zu dir selbst aufbaust – als Grundlage für ein Leben in emotionaler Balance.

Selbstwirksamkeit durch Sprache aufbauen

Es gibt eine Kraft in dir, die mehr verändert als jede äußere Methode, jedes Coaching und jedes noch so ausgeklügelte System zur Persönlichkeitsentwicklung. Diese Kraft ist deine eigene Fähigkeit, dein Erleben bewusst zu beeinflussen – durch das, was du denkst, fühlst, entscheidest und sprichst.

Man nennt das Selbstwirksamkeit. Und sie ist kein esoterisches Ideal, sondern eine tief verankerte menschliche Erfahrung: das Wissen und das Gefühl, dass du selbst Gestalter deines Lebens bist – auch wenn du nicht alles kontrollieren kannst. Es ist das Vertrauen in die eigene Handlungsmacht. In die eigene Stimme.

Diese innere Kraft entsteht nicht durch äußeren Erfolg, sondern durch innere Verbindung. Und Sprache spielt dabei eine entscheidende Rolle. Denn wie du mit dir selbst sprichst, formt dein Selbstbild – und dein Selbstbild wiederum beeinflusst, wie du dich in der Welt bewegst, wie du Entscheidungen triffst, wie du

Krisen begegnest.

Diese letzte Sektion des Kapitels zeigt dir, wie du Sprache gezielt nutzen kannst, um Selbstverantwortung zu leben, alte Glaubenssätze zu verändern und durch kleine Rituale täglich deine Verbindung zu dir selbst zu stärken.

Sprache als Werkzeug für Selbstverantwortung

Sprache kann trennen – oder sie kann verbinden. Sie kann blockieren – oder sie kann in Bewegung bringen. Und nirgendwo ist das unmittelbarer spürbar als in der Art, wie du über dich selbst und dein Leben sprichst.

Selbstverantwortung beginnt mit Sprache. Sie zeigt sich in dem Unterschied zwischen einem inneren „Ich kann nichts dafür" und einem „Ich übernehme Verantwortung für meinen Anteil".

Natürlich gibt es Umstände, auf die wir keinen Einfluss haben. Verletzungen, die wir nicht verschuldet haben. Systeme, in denen wir uns bewegen müssen. Aber selbst dort, wo wir keine Kontrolle haben, haben wir immer eine Wahl: *Wie spreche ich über das, was passiert? Und wie gestalte ich meine Haltung dazu?*

Ein Mensch, der sich selbstwirksam erlebt, nutzt Sprache als Werkzeug der Klarheit. Er sagt nicht:

„Ich muss das machen."
Sondern:
„Ich habe mich entschieden, das zu tun – und ich darf auch neu entscheiden."

Er sagt nicht:

„Ich bin eben so."
Sondern:
„Ich habe bisher so reagiert – und ich kann lernen, anders mit mir umzugehen."

Diese Unterschiede mögen klein wirken – aber sie haben enorme Wirkung. Denn sie verlagern den inneren Fokus: Weg von Ohnmacht, hin zu Gestaltung. Weg von innerem Opfersein, hin zur aktiven Mitverantwortung für das eigene Erleben.

Sprache schafft Realität. Und bewusste Sprache schafft Freiheit.

Ein kraftvoller Einstieg in diesen Prozess kann sein, dich in alltäglichen Formulierungen selbst zu beobachten:

- Sagst du oft „Ich kann nicht" – oder könntest du sagen: „Ich traue mich noch nicht"?
- Sagst du „Ich habe keine Zeit" – oder könntest du sagen: „Ich setze andere Prioritäten"?
- Sagst du „Ich bin halt so" – oder könntest du sagen: „Ich habe mich so entwickelt – und kann mich auch weiterentwickeln"?

Sprache wird so zum Spiegel – und zum Hebel. Du beginnst, Verantwortung für dein Innenleben zu übernehmen. Und damit wächst deine Selbstwirksamkeit – von innen heraus.

Glaubenssätze transformieren

Hinter unseren inneren Haltungen und Verhaltensweisen stehen oft tief verwurzelte Überzeugungen, sogenannte Glaubenssätze. Diese inneren Sätze haben wir nicht gewählt – wir haben sie übernommen. Von Eltern, Lehrern, Gesellschaft, Medien – vor allem aber aus den frühen Prägungen unserer Kindheit.

Glaubenssätze sind wie Brillen, durch die wir die Welt betrachten – und uns selbst. Sie beeinflussen, wie wir über uns denken, was wir uns zutrauen, wofür wir uns schämen, worauf wir hoffen und was wir für möglich halten.

Beispiele für blockierende Glaubenssätze sind:

- „Ich bin nicht gut genug."
- „Ich darf keine Schwäche zeigen."
- „Erfolg muss hart erarbeitet sein."
- „Ich darf niemandem zur Last fallen."
- „Wenn ich mich zeige, werde ich verletzt."

Solche Sätze wirken oft im Verborgenen, aber mit enormer Kraft. Sie beeinflussen deine Entscheidungen – und sie prägen deinen inneren Dialog. Selbst wenn du im Außen Erfolg hast, bleibt innerlich ein Gefühl der Unsicherheit oder des Mangels, solange dieser innere Satz unbeachtet bleibt.

Transformation beginnt mit Bewusstwerdung. Frag dich:

- Was glaube ich über mich, wenn ich scheitere?
- Was sage ich innerlich, wenn ich gelobt werde?
- Welche Sätze höre ich in mir, wenn ich mich verletzlich zeige?

Schreibe sie auf – ohne Zensur. Und dann prüfe jeden Satz:

- Ist das wirklich wahr?
- Woher kommt dieser Satz?
- Wem gehört er wirklich?
- Will ich das weiterhin glauben?

Allein diese Fragen öffnen einen Raum. Und in diesem Raum kannst du neue, unterstützende Glaubenssätze formulieren. Nicht als bloße Affirmationen – sondern als *erlaubte innere Wahrheit*, die du mit deinem heutigen Bewusstsein selbst wählst.

Zum Beispiel:

- Aus „Ich bin nicht gut genug“ kann werden: *„Ich bin wertvoll, auch wenn ich Fehler mache.“*
- Aus „Ich muss perfekt sein“ kann werden: *„Ich darf lernen – und mich dabei zeigen.“*
- Aus „Ich darf keine Schwäche zeigen“ wird: *„Meine Ehrlichkeit macht mich stark.“*

Wichtig ist, dass diese neuen Sätze sich nicht wie falsche Mantras anfühlen. Sie dürfen sich ungewohnt anfühlen – aber sie müssen glaubwürdig sein. Du darfst sie innerlich wachsen lassen, sie mit Erfahrungen füttern, sie täglich erinnern.

Denn mit jedem bewusst gewählten Satz erschaffst du neue neuronale Pfade. Du baust einen neuen inneren Ton. Und dieser neue Ton wird mit der Zeit zu deinem inneren Klima – nicht aus Zwang, sondern aus Wahlfreiheit.

Rituale für tägliche Selbstverbindung

Veränderung geschieht nicht durch einzelne Erkenntnisse – sondern durch tägliche Wiederholung. Deshalb ist es so wichtig, die bewusste Kommunikation mit dir selbst nicht nur theoretisch zu verstehen, sondern praktisch in deinen Alltag zu integrieren.

Rituale helfen dabei. Sie sind kleine, wiederkehrende Handlungen, die dich mit dir selbst verbinden – durch Sprache, durch Achtsamkeit, durch bewusste Präsenz. Sie müssen nicht groß sein. Sie müssen nur echt sein.

Hier einige kraftvolle Rituale, die du in deinen Alltag einbauen kannst:

1. Der Morgenimpuls:
Beginne den Tag mit einer bewussten inneren Ansprache. Zum Beispiel:
„Ich bin da für mich. Ich darf diesen Tag gestalten. Ich vertraue mir."
Oder:
„Ich muss heute nichts beweisen. Ich darf einfach ich sein."

2. Selbstgespräche in Übergängen:
Nutze Momente zwischen Terminen, vor wichtigen Gesprächen oder nach anstrengenden Situationen für kurze, liebevolle Selbstverbindung:
„Das war gerade viel – ich atme jetzt einmal tief durch."
„Ich bin stolz auf mich, dass ich das angesprochen habe."

3. Abendreflexion:
Beende den Tag mit einem freundlichen Blick zurück:

- *Was habe ich heute gut gemacht?*
- *Wo war ich ehrlich mit mir?*
- *Wo kann ich mir morgen mehr Mitgefühl schenken?*

4. Schriftliche Selbstverbindung:
Führe ein kleines Notizbuch, in das du täglich einen stärkenden Satz schreibst – für dich, an dich. Kein Tagebuch im klassischen

Sinne, sondern eine Sammlung liebevoller Anker.

5. Satz der Woche:
Wähle jede Woche einen unterstützenden Satz, der dich begleitet. Hänge ihn an den Spiegel, speichere ihn auf dem Handy, sprich ihn dir selbst beim Zähneputzen zu. Zum Beispiel:
„Ich darf in meinem Tempo wachsen."
„Ich bin genug – auch heute."

Diese Rituale sind keine Pflichtübungen. Sie sind Einladungen. Einladungen, deine Beziehung zu dir selbst lebendig zu halten – durch Sprache, durch Präsenz, durch liebevolle Wiederholung.

Selbstwirksamkeit ist kein Zustand, den man erreicht – sie ist eine Haltung, die man kultiviert.
Und Sprache ist das Werkzeug, das diese Haltung formt.
Wenn du lernst, mit dir selbst klar, ehrlich und unterstützend zu sprechen, beginnst du, nicht nur anders zu fühlen – sondern auch anders zu handeln. Du wirst freier, mutiger, verbundener.

Du bist nicht das Produkt deiner Vergangenheit.
Du bist der Mensch, der heute beginnt, neue Geschichten über sich selbst zu erzählen.

Und diese Geschichten beginnen mit einem Satz. Mit einem Wort. Mit deiner Stimme – für dich.

KAPITEL 8: KOMMUNIKATION ALS LEBENSSTIL – INTEGRATION & WACHSTUM

Tägliche Praxis statt punktuelle Technik

Die größte Veränderung entsteht nicht durch große Worte oder einmalige Erkenntnisse, sondern durch das, was wir täglich leben. Kommunikation ist kein Werkzeug, das man nur in schwierigen Gesprächen zückt, kein Trickkasten für Krisen oder Konflikte. Kommunikation ist das Gewebe, das unser gesamtes Leben durchzieht. Sie zeigt sich in jedem Blick, in jeder Reaktion, in jedem Satz – aber vor allem auch in all den kleinen, unscheinbaren Momenten, in denen wir gar nicht bewusst kommunizieren wollen.

Viele Menschen betrachten Kommunikation wie ein Werkzeug für Ausnahmesituationen. Sie lesen Bücher über Konfliktgespräche, trainieren gewaltfreie Sprache oder bereiten sich auf schwierige Meetings vor. Das ist wertvoll – und doch reicht es nicht aus. Denn wahre Verbindung entsteht nicht in Ausnahmezuständen, sondern im Alltag. In den vielen kleinen Gelegenheiten, in denen wir entweder Verbindung herstellen oder sie übergehen. In den beiläufigen Kommentaren, im morgendlichen Blick in den Spiegel, im kurzen Nicken im Treppenhaus oder in der Art, wie wir mit einem gestressten Kollegen sprechen.

Wenn Kommunikation ein Lebensstil werden soll, dann beginnt sie dort, wo es vermeintlich nichts zu sagen gibt. Dann wird sie zur Haltung – und nicht zur Technik. Sie lebt von Präsenz, von Aufrichtigkeit und von der Bereitschaft, auch in alltäglichen Momenten menschlich zu bleiben. Gerade dann, wenn alles scheinbar „gut läuft“ und keine akute Notwendigkeit besteht, bewusst zu kommunizieren, zeigt sich, wie tief eine Haltung tatsächlich verankert ist.

Es ist einfach, in schwierigen Momenten auf alles Erlernte zurückzugreifen – aber es ist kraftvoll, auch im Leichten präsent zu sein. Wer Kommunikation nur als Reparaturmaßnahme versteht, verpasst ihren eigentlichen Zauber: ihre Fähigkeit, Beziehung im Alltag zu nähren, zu vertiefen und zu tragen – auch wenn niemand es verlangt.

Der Schlüssel liegt in der Praxis. In der täglichen Entscheidung, achtsam mit sich selbst und anderen zu sprechen – nicht perfekt, aber wach. In der Fähigkeit, die eigenen Worte zu bemerken, bevor sie gesprochen sind. In der Bereitschaft, sich selbst immer wieder zu beobachten, zu hinterfragen und neu auszurichten.

Es beginnt schon am Morgen. Die ersten Worte, die du zu dir selbst sagst, setzen einen Ton. Begrüßt du dich innerlich mit Stress, mit Druck, mit Kritik? Oder erlaubst du dir einen Moment der Sanftheit, einen Satz der Ermutigung, eine kleine bewusste Ausrichtung? Der innere Dialog formt nicht nur dein Gefühl für dich selbst, sondern auch deine Bereitschaft, dich später mit anderen in Verbindung zu bringen.

Auch die kleinen Begegnungen im Alltag sind Übungsfelder. Ein kurzes Gespräch mit der Kassiererin, ein Gruß an den Nachbarn, ein Wortwechsel mit dem Kind auf dem Rücksitz – all das sind keine Nebenschauplätze, sondern Teil des Kommunikationsfeldes, das du täglich gestaltest. In jedem dieser Momente liegt die Möglichkeit, Wertschätzung zu zeigen, Präsenz zu schenken oder einfach ein Stück Menschlichkeit lebendig zu halten.

Und genau hier entsteht der Übergang von Technik zu Haltung. Denn wer Kommunikation als Lebensstil versteht, hört auf, sie nur dann zu nutzen, wenn es schwierig wird. Stattdessen beginnt er, die Mikroverbindungen des Alltags als das zu sehen, was sie sind: die Grundlage für jede tiefe Verbindung im Leben. Die Art, wie du am Morgen deine Familie begrüßt, wie du im Büro einen kurzen Blickkontakt herstellst, wie du deinem Partner zuhörst, obwohl du müde bist – all das baut Beziehung. Nicht durch Größe, sondern durch Wiederholung.

Es geht nicht darum, ständig besonders „achtsam“ oder „sozial kompetent“ zu wirken. Es geht vielmehr darum, wirklich da zu sein. Echte Verbindung braucht keine perfekten Worte, sondern authentische Anwesenheit. Und diese entsteht nicht durch besondere Anlässe, sondern durch tägliche Praxis.

Ein zentrales Element dieser Praxis ist die sprachliche Achtsamkeit. Das bedeutet nicht, jedes Wort zu kontrollieren, sondern die eigene Sprache bewusster wahrzunehmen – in Tonfall, in Wortwahl, in Intention. Wie oft sprechen wir beiläufig in Bewertungen, ohne es zu merken? Wie oft verpacken wir Erwartungen in scheinbare Höflichkeit? Wie oft wählen wir Worte, die nicht unserer inneren Wahrheit entsprechen, sondern unseren Mustern?

Sprachliche Achtsamkeit beginnt mit dem Zuhören – nicht nur dem anderen, sondern sich selbst. Sie beginnt mit der Bereitschaft, innezuhalten, bevor ein Satz gesprochen wird. Sich selbst zu fragen: Dient das, was ich sagen will, der Verbindung – oder der Abgrenzung? Will ich damit etwas klären, oder will ich mich schützen, angreifen, überdecken?

Dabei geht es nicht darum, sprachlich korrekt oder politisch sauber zu sein. Es geht darum, echt zu sein – und verantwortlich. Denn jede Sprache hat Wirkung. Auch die beiläufige. Auch die unausgesprochene.

Manchmal ist das, was wir nicht sagen, lauter als das, was wir sagen. Ein unausgesprochener Vorwurf, eine verweigerte Rückmeldung, ein verschlucktes Bedürfnis – all das kommuniziert. Und deshalb ist tägliche Kommunikation auch tägliche Selbstbeobachtung. Nicht im Sinne von Selbstzensur, sondern im Sinne von Selbstverbindung.

Dazu gehört auch die Fähigkeit, sich selbst zu korrigieren. Nicht als Zeichen von Schwäche, sondern von Entwicklung. Wenn du merkst, dass du dich im Ton vergriffen hast, dass du unklar oder verletzend warst, dann kannst du dich korrigieren – liebevoll, ehrlich, zeitnah. Ein einfaches „Das kam gerade schärfer raus, als ich es meinte – darf ich nochmal?“ öffnet Türen, die sonst verschlossen blieben.

Ebenso gehört dazu, die Sprache anderer Menschen nicht nur inhaltlich zu hören, sondern emotional zu spüren. Oft sagen Menschen nicht, was sie fühlen – sondern nur, was sie denken. Sie äußern Kritik, obwohl sie enttäuscht sind. Sie schweigen, obwohl sie sich übergangen fühlen. Wer achtsam kommuniziert, lernt, zwischen den Zeilen zu hören – nicht um andere zu analysieren, sondern um wirklich präsent zu sein.

Diese Art der Kommunikation braucht keine Bühne. Sie zeigt sich in kleinen Gesten: in der Nachfrage, ob das Gegenüber wirklich gehört wurde. In der Bereitschaft, sich berühren zu lassen. In der Fähigkeit, sich selbst nicht zu wichtig – aber auch nicht zu unwichtig – zu nehmen.

Wenn du Kommunikation als Praxis verstehst, wirst du sehen: Die Momente, in denen es „nichts zu sagen gibt“, sind oft die wichtigsten. Sie sind das Übungsfeld für Beziehungskompetenz. Und je öfter du im Kleinen bewusst bist, desto stabiler wirst du im Großen.

Du beginnst, Sprache nicht mehr als Reaktion zu verwenden, sondern als Ausdruck deiner Haltung. Du redest nicht mehr nur, um zu erklären oder zu rechtfertigen, sondern um zu verbinden. Du hörst nicht mehr nur, um zu antworten, sondern um zu verstehen. Du bist nicht mehr nur Sprecher oder Zuhörer – sondern Teil eines lebendigen Austauschs, der über Worte hinausgeht.

Diese Haltung verändert. Sie verändert, wie du mit dir selbst umgehst, wie du Konflikte betrachtest, wie du Beziehungen gestaltest. Und sie wächst nicht durch Perfektion, sondern durch Präsenz. Durch tägliche Entscheidung. Durch liebevolles Üben.

Am Ende ist Kommunikation kein Projekt. Kein Skill. Kein Ziel.
Sie ist Ausdruck dessen, wie wir mit uns und der Welt in

Beziehung stehen.
Und je bewusster wir sprechen, je ehrlicher wir zuhören, je liebevoller wir uns selbst begegnen – desto klarer wird unser Kontakt mit dem Leben.

Das ist es, was Kommunikation als Lebensstil meint:
Ein Weg, der nicht durch Methoden, sondern durch Haltung geprägt ist.
Ein Weg, der nicht irgendwann ankommt, sondern jeden Tag neu beginnt.
Ein Weg, der aus Sprache Beziehung macht – im Kleinen wie im Großen.

Im nächsten Abschnitt dieses Kapitels geht es darum, wie du mit Rückschlägen, Unsicherheiten und Fehlern in der Kommunikation umgehen kannst – und wie genau darin die Chance liegt, echte Verbindung zu vertiefen.

Fehler sind Teil des Lernens

Es gibt diesen unausgesprochenen Wunsch, wenn wir uns auf den Weg zu bewusster Kommunikation machen: Wir möchten es „richtig“ machen. Wir möchten klar und verständnisvoll sprechen, empathisch zuhören, alte Muster hinter uns lassen, Konflikte deeskalieren und aus jedem Gespräch gestärkt hervorgehen. Und dieser Wunsch ist verständlich. Denn wer beginnt, sich mit Kommunikation ernsthaft auseinanderzusetzen, tut dies meist nicht aus Langeweile, sondern aus dem tiefen Bedürfnis nach Verbindung – mit sich selbst und mit anderen.

Doch je weiter wir auf diesem Weg gehen, desto deutlicher zeigt sich: Der Anspruch, immer „richtig“ zu kommunizieren, ist eine Illusion. Kommunikation ist kein lineares Projekt, das man einmal optimiert und dann beherrscht. Sie ist ein lebendiger, fehlerhafter, zutiefst menschlicher Prozess – geprägt von alten Prägungen, aktuellen Emotionen, inneren Triggern, äußeren Spannungen und den Unwägbarkeiten zwischen zwei Individuen.

Fehler sind nicht das Ende von gelingender Kommunikation. Sie sind ihr Nährboden. Denn erst im Stolpern, im Scheitern, im Rückfall zeigt sich, wie tief unsere Haltung wirklich reicht. Ob wir bereit sind, hinzuschauen, nachzufragen, zu lernen – oder ob wir uns selbst verurteilen, uns entziehen oder zurückziehen.

Gerade wenn es um Rückschläge geht, brauchen wir eine neue Sprache. Eine, die uns nicht beschämt, sondern erinnert. Eine, die nicht Schuld zuweist, sondern Verantwortung stärkt. Denn Rückfälle sind nicht nur normal – sie sind notwendig. Sie zeigen uns, wo es noch Heilung braucht, wo ein alter Glaubenssatz wirkt, wo ein neues Muster noch nicht gefestigt ist.

Ein Rückfall bedeutet nicht, dass du versagt hast. Er bedeutet, dass du auf dem Weg bist. Dass du dich bewegst. Dass du etwas Neues ausprobierst – und dabei an alte Grenzen stößt.

Vielleicht kennst du solche Situationen: Du hast dir vorgenommen, in einem Gespräch ruhig zu bleiben, und findest dich plötzlich doch in einem alten Verteidigungsmuster wieder. Oder du wolltest zuhören, bist aber in Gedanken bei deiner eigenen Geschichte. Du wolltest nicht mehr schreien, aber deine Stimme wurde laut. Du wolltest ehrlich sein, hast aber doch geschwiegen.

Diese Momente können schmerzhaft sein – gerade wenn du bewusst sein willst. Und doch bergen sie ein Geschenk: Sie machen sichtbar, was noch unbewusst wirkt. Sie holen alte Muster ans Licht. Und sie laden dich ein, anders mit dir selbst umzugehen als früher.

Früher hättest du dich vielleicht beschämt zurückgezogen. Dich selbst abgewertet. Gesagt: „Ich lerne es nie." Heute kannst du sagen: „Ich habe gerade einen alten Reflex erlebt. Ich erkenne ihn –

und ich darf ihn transformieren."

Das ist der Unterschied zwischen Schuld und Verantwortung.

Schuld sagt: *Ich bin falsch, weil ich es nicht geschafft habe.*
Verantwortung sagt: *Ich erkenne, was passiert ist – und ich bin bereit, daraus zu lernen.*

Schuld blockiert. Sie hält dich in einem Zustand der inneren Starre, des Rückzugs oder der Selbstverachtung. Verantwortung hingegen öffnet. Sie bringt dich ins Hier und Jetzt. Sie macht dich handlungsfähig – nicht weil du perfekt bist, sondern weil du dir selbst die Erlaubnis gibst, menschlich zu sein.

Gerade bei Gesprächsabbrüchen wird das besonders deutlich. Manchmal brechen Gespräche ab, weil die Emotionen zu stark sind. Weil jemand sich verletzt fühlt, dichtmacht, laut wird oder geht. Solche Situationen können verstörend sein – besonders, wenn du dir Mühe gegeben hast, achtsam zu bleiben. Vielleicht fühlst du dich missverstanden, zurückgewiesen oder sogar ohnmächtig.

Die Versuchung ist groß, nach Schuld zu suchen. Wer hat angefangen? Wer war unfair? Wer hat wen verletzt? Doch diese Fragen führen oft in eine Sackgasse. Sie nähren das Ego, aber nicht die Verbindung.

Stattdessen lohnt sich die Frage: *Was hat uns beide überfordert?*
Was war zu viel – oder zu wenig – in diesem Moment?
Wo war ich nicht in mir – und wo war der andere es vielleicht auch nicht?

Solche Fragen verschieben den Fokus – weg vom Urteil, hin zur Verständigung. Vielleicht nicht sofort im Außen, aber zunächst in dir selbst. Du beginnst zu verstehen: Ein Gesprächsabbruch ist kein persönliches Scheitern. Er ist ein Zeichen dafür, dass etwas zu schnell, zu tief oder zu ungeklärt war. Und genau das ist eine wertvolle Information.

Wenn du lernst, solche Situationen nicht als Beweis für dein Unvermögen zu deuten, sondern als Einladung zum Innehalten, entsteht Raum. Raum für Selbstreflexion, für Selbstmitgefühl – und für Wachstum.

Du kannst dich fragen:
Was hat mich so getriggert?
Was habe ich gebraucht – aber nicht gesagt?
Welche Angst hat mich geleitet – und wie kann ich ihr künftig anders begegnen?

Diese Art von Lernen ist still, ehrlich, nicht glänzend, aber echt. Und genau hier liegt die wahre Tiefe bewusster Kommunikation: nicht in der perfekten Gesprächsführung, sondern in der Art, wie du mit deinem Scheitern umgehst.

Es geht nicht darum, Fehler zu vermeiden. Es geht darum, aus Fehlern Verbindung zu machen – zu dir selbst und, wenn möglich, auch wieder zum anderen.

Dazu gehört auch die Fähigkeit, sich zu entschuldigen – nicht aus Schuld, sondern aus Klarheit. Eine aufrichtige Entschuldigung hat nichts mit Unterwerfung zu tun. Sie ist ein Ausdruck von Verantwortung. Sie sagt: *Ich sehe, dass meine Worte Wirkung hatten – und ich übernehme meinen Teil dafür.*

Sie braucht kein Drama, keine lange Erklärung. Sie braucht nur Aufrichtigkeit und Präsenz. Und sie wirkt oft tiefer als jede perfekte Kommunikation zuvor.

Ebenso kraftvoll ist es, nach einem Gesprächsabbruch einen neuen Versuch zu wagen. Manchmal ist es gut, Abstand zu halten, Stille zu lassen. Aber dann – wenn du wieder bei dir bist – darfst du einen Schritt auf den anderen zugehen. Vielleicht mit einem einfachen Satz wie: „Ich habe gemerkt, dass wir beide überfordert waren – ich würde gerne nochmal in Ruhe auf dich zukommen." Oder: „Das Gespräch ist nicht gut verlaufen – und ich möchte gerne verstehen, was da passiert ist."

Diese Schritte kosten Überwindung – vor allem, wenn du Angst vor Zurückweisung hast. Aber sie zeigen Größe. Und sie sind Ausdruck einer Haltung, die über den Moment hinausweist: einer Haltung von Verbindung, Reife und Selbstverantwortung.

Denn genau das bedeutet es, Kommunikation als Lebensstil zu begreifen: nicht nur dann bewusst zu sprechen, wenn es leicht ist – sondern auch dann, wenn es weh tut. Auch dann, wenn du dich geirrt hast. Auch dann, wenn du dich schämst. Gerade dann.

Fehler sind Wegweiser. Sie zeigen dir, wo du noch Schutzmuster brauchst, wo du dir selbst noch nicht voll vertraust, wo alte Geschichten noch mitschwingen. Sie laden dich ein, liebevoll mit dir zu bleiben – nicht, obwohl du gestolpert bist, sondern gerade deshalb.

Denn nur wer sich selbst auch in seinem Scheitern halten kann, wird frei. Frei, ehrlich zu sein. Frei, zu lernen. Frei, sich immer wieder neu in Verbindung zu wagen – nicht perfekt, aber aufrichtig.

Und das ist vielleicht die größte Form der Kommunikationskompetenz: Nicht alles richtig zu machen, sondern immer wieder bereit zu sein, zu wachsen.

Im nächsten Abschnitt geht es darum, wie du durch bewusste Kommunikation nicht nur dein eigenes Leben, sondern auch das Klima deines Umfelds nachhaltig prägen kannst – durch dein Vorbild, durch deine Haltung, durch deinen Mut zur Verbindung.

Wie du ein Klima des Verstehens schaffst

Vielleicht ist dir auf deiner Reise durch dieses Buch klar geworden: Kommunikation ist weit mehr als das Aussprechen von Wörtern. Sie ist ein Klima. Eine Atmosphäre, die du – bewusst oder unbewusst – in deinem Umfeld miterschaffst. So wie man einen Raum betritt und sofort spürt, ob darin Spannung oder Offenheit herrscht, so spüren Menschen auch, wie es sich anfühlt, mit dir in Kontakt zu sein.

Deine Art zu sprechen, zu hören, zu reagieren und präsent zu sein, erzeugt Wirkung – immer. Du gestaltest durch dein Verhalten, wie sicher sich andere fühlen, wie viel Nähe sie zulassen, wie ehrlich sie sein dürfen. Und das ist kein Zufall, sondern Folge deiner inneren Haltung.

Ein Klima des Verstehens entsteht nicht durch rhetorisches Geschick. Es entsteht, wenn Menschen sich in deiner Gegenwart nicht verteidigen müssen. Wenn sie sich gesehen fühlen, ohne sich erklären zu müssen. Wenn sie sich sicher fühlen, auch wenn sie sich verletzlich zeigen.

Die Wirkung deiner Sprache ist dabei oft subtil – aber tief. Schon ein einziger Satz kann einen Menschen entweder in sich zurückziehen lassen oder ihn dazu einladen, sich zu öffnen. Ein empathisches „Das klingt, als wäre dir das wirklich wichtig gewesen" kann mehr Verbindung schaffen als eine Stunde Diskussion. Ebenso kann ein ironisches „Das war ja klar bei dir" mehr Schaden anrichten als ein offener Streit.

Die Kunst besteht darin, sich dieser Wirkung bewusst zu werden. Nicht im Sinne von ständiger Selbstkontrolle, sondern in dem Bewusstsein, dass Sprache Verantwortung bedeutet. Dass du mit jedem Satz die Wahl hast: Nähe oder Distanz? Verständnis oder Abwertung? Verbindung oder Rückzug?

Oft denken wir, es sei die Aufgabe der anderen, uns zu verstehen. Dass wir gehört, gesehen, erkannt werden wollen. Doch was wäre, wenn du selbst der Beginn wärst? Wenn du der Mensch bist, in dessen Gegenwart andere nicht perfekt, aber ehrlich sein dürfen?

Wenn du der Raum bist, in dem sich Menschen entspannen, weil sie spüren: Hier muss ich nichts beweisen?

Ein solcher Mensch zu sein, beginnt mit einer Entscheidung: Ich will mehr Verständnis in meinem Umfeld – also fange ich an, selbst verstehend zu sein. Ich will weniger Härte – also spreche ich weicher. Ich will mehr Ehrlichkeit – also bin ich bereit, selbst ehrlich zu werden, auch wenn es Mut kostet.

Hier entsteht ein tiefes Prinzip: Beziehung ist Co-Kreation.
Sie ist nichts, was entweder „gut läuft“ oder eben nicht. Sie ist auch kein Zufallsprodukt von Chemie, ähnlichen Interessen oder Kompatibilität. Beziehung ist ein gemeinsamer Raum, der durch jeden Beitrag, jeden Blick, jedes Schweigen, jedes Wort mitgestaltet wird.

Wenn du aufhörst, Beziehung als Reaktion zu betrachten, und beginnst, sie als schöpferischen Prozess zu begreifen, wirst du handlungsfähig. Du erkennst: Ich kann heute durch meine Haltung etwas verändern. Ich kann durch einen anderen Ton ein Gespräch deeskalieren. Ich kann durch echte Neugier auf die Welt des anderen eine Tür öffnen, dic vorher verschlossen war.

Natürlich braucht es dazu auch das Gegenüber. Nicht jede Beziehung wird sich vertiefen, nur weil du dich veränderst. Doch du wirst merken: Deine eigene Haltung wirkt. Sie lädt ein – ohne zu manipulieren. Sie bietet an – ohne sich aufzudrängen. Und manchmal reicht das, um Dinge zu verschieben, die lange festgefahren schienen.

Eine Co-kreative Beziehung lebt nicht von Rollen, sondern von Präsenz. Sie ist nicht auf Gleichheit angewiesen, sondern auf Echtheit. Sie braucht keine Harmonie, aber sie braucht die Bereitschaft, Unterschiede zu halten, ohne abzuwerten.

Und genau hier beginnt der Wandel – wenn du beginnst, dich nicht mehr als Empfänger, sondern als Ermöglicher zu sehen. Als jemand, der nicht nur reagiert, sondern gestaltet. Als jemand, der nicht wartet, bis sich andere ändern – sondern durch seine eigene Klarheit ein neues Feld eröffnet.

Ermöglicher zu sein bedeutet, Räume zu schaffen. Nicht physisch, sondern emotional. Räume, in denen andere sich entfalten dürfen. Räume, in denen Fehler sein dürfen. In denen Unsicherheit ausgesprochen werden darf. In denen sich niemand rechtfertigen muss, sondern einfach da sein kann – auch im Unklaren, im Widersprüchlichen, im Suchen.

Das ist nicht immer bequem. Es bedeutet, dass du vielleicht als Erster transparent wirst. Dass du offen aussprichst, was dich bewegt, auch wenn der andere noch schweigt. Dass du Fragen stellst, obwohl du selbst verletzt bist. Dass du Interesse zeigst, obwohl du innerlich erschöpft bist.

Aber es ist eine zutiefst wirksame Haltung. Denn sie zeigt: Verbindung ist wichtiger als Recht haben. Verständnis ist wertvoller als Kontrolle. Und ein echtes Miteinander beginnt dort, wo jemand den Mut hat, den ersten Schritt zu tun – nicht, weil er muss, sondern weil er kann.

Du wirst merken: Wenn du diesen Raum eröffnest, beginnt sich etwas zu verändern. Vielleicht nicht sofort. Vielleicht mit Widerstand. Vielleicht leise. Aber es verändert sich. Denn jeder Mensch sehnt sich nach einem Ort, an dem er nicht kämpfen muss. Nach einem Gegenüber, das nicht bewertet, sondern fragt. Das nicht belehrt, sondern zuhört. Das nicht perfekt ist, aber offen.

Dieser Wandel beginnt bei dir – nicht, weil du die Verantwortung für andere trägst, sondern weil du die Möglichkeit in dir trägst, etwas zu ermöglichen, das sonst vielleicht nie geschehen wäre.

Und das bedeutet nicht, dich selbst aufzugeben oder über deine Grenzen zu gehen. Im Gegenteil: Ein Klima des Verstehens lebt von Klarheit. Es lebt davon, dass du bei dir bleibst – und trotzdem offen bist. Dass du Nein sagen kannst, ohne hart zu werden. Dass du dich zeigen kannst, ohne dich zu verlieren.

Es braucht Mut, diesen Weg zu gehen. Denn du wirst nicht immer belohnt. Manchmal wird deine Offenheit nicht erwidert. Manchmal wirst du missverstanden, obwohl du es gut meinst.

Manchmal wirst du enttäuscht. Doch auch das ist Teil dieses Weges: zu erkennen, dass dein Wert nicht davon abhängt, wie andere reagieren – sondern davon, wie wahrhaftig du lebst.

Und genau deshalb ist es so kraftvoll, ein Klima des Verstehens zu schaffen. Nicht, weil du damit alle Beziehungen rettest. Sondern weil du dich selbst aufrichtest – als Mensch, der nicht passiv empfängt, sondern aktiv gestaltet. Der nicht klagt, sondern klärt. Der nicht nur verstanden werden will, sondern bereit ist, selbst zu verstehen.

Am Ende bist du nicht verantwortlich für das, was andere aus deinen Worten machen. Aber du bist verantwortlich für das, was du in die Welt bringst. Und wenn das, was du sagst, aus einem Ort der Klarheit, der Verbundenheit und der inneren Ruhe kommt, wird es Wirkung haben – auch wenn sie nicht immer sichtbar ist.

Denn Worte wirken. Immer.
Sie wirken durch ihren Inhalt – aber noch mehr durch die Haltung, aus der sie entstehen.
Und wenn du beginnst, deine Sprache als Werkzeug der Verbindung zu nutzen, als Einladung statt als Waffe, als Brücke statt als Schutzmauer, dann wirst du merken: Du kannst ein Klima schaffen, in dem Verständnis wächst. In dem Beziehung heilen darf. In dem Menschsein wieder spürbar wird.

Es braucht nicht viele Worte, um so einen Raum zu eröffnen. Es braucht nur Wahrheit. Präsenz. Und ein offenes Herz.

Damit endet das achte Kapitel – und der inhaltliche Teil deines Buches. Doch in Wahrheit beginnt jetzt erst das, worauf alles hinauslief: die Anwendung. Die Entscheidung, täglich bewusster zu sprechen, tiefer zuzuhören, ehrlicher bei dir zu sein. Nicht perfekt. Aber bereit.

SCHLUSSWORT

Wenn du bis hierher gelesen hast, hast du nicht nur ein Buch durchgearbeitet – du hast dich auf einen Weg eingelassen. Einen Weg, der nicht mit schnellen Lösungen lockt, sondern mit echter Veränderung. Einen Weg, der nicht außen beginnt, sondern innen. Bei dir.

Vielleicht war es manchmal unbequem, weil dir alte Muster bewusst wurden. Vielleicht war es auch erleichternd, weil du endlich Worte gefunden hast für das, was lange in dir gearbeitet hat. Vielleicht hast du dich verstanden gefühlt – oder zum ersten Mal selbst wirklich verstanden.

Was auch immer dich hierher gebracht hat: Du trägst jetzt mehr Bewusstsein in dir. Und das ist kein kleiner Schritt. Denn in einer Welt, in der viele laut sprechen, ohne sich zuzuhören – und viele zuhören, ohne wirklich zu verstehen – ist deine Entscheidung, achtsam zu kommunizieren, ein stiller Akt von Mut.

Dieses Buch wollte dir keine Regeln geben, sondern Möglichkeiten. Keine perfekte Methode, sondern einen inneren Kompass. Es wollte dich nicht verändern, sondern dich erinnern – an das, was bereits in dir liegt: die Fähigkeit, dich selbst ehrlich auszudrücken, empathisch zu hören, klar zu fühlen und lebendige Verbindung zu gestalten.

Du wirst nicht alles auf einmal umsetzen können. Du wirst stolpern, vielleicht manchmal zurückfallen. Aber das ist kein Versagen – das ist Entwicklung. Und in jedem Moment, in dem du innehältst, reflektierst, neu wählst, wächst du. Nicht, weil du perfekt sein musst – sondern weil du bereit bist, bewusst zu leben.

Sprache ist nicht nur Mittel zum Zweck. Sie ist ein Ausdruck deiner Haltung. Und jede bewusste Entscheidung für Klarheit, für Empathie, für Verbindung – verändert nicht nur deine Kommunikation, sondern dein gesamtes Erleben.

Mögest du mit deinen Worten Räume schaffen, in denen Menschen sich sicher fühlen.
Mögest du dir selbst so begegnen, wie du es dir von anderen wünschst.
Und mögest du immer wieder den Mut finden, zuzuhören – dir selbst und der Welt.

Denn wenn Worte wirken, dann heilen sie.
Dann verbinden sie.
Dann verwandeln sie Leben.

Und deines ist ein guter Anfang.

— Rayan

Printed in Poland
by Amazon Fulfillment
Poland Sp. z o.o., Wrocław

54399693R00077